T0131518

Essays zur Gegenwartsästhetik

Reihe herausgegeben von
Moritz Baßler
Münster, Deutschland

Heinz Drügh
Frankfurt am Main, Deutschland

Daniel Hornuff
Kassel, Deutschland

Maren Lickhardt
Innsbruck, Österreich

Die Reihe analysiert aktuelle kulturelle Phänomene in ihrer Ästhetik, Medialisierung und gesellschaftlichen Zirkulation monografisch. Es geht darum zu zeigen, wie gegenwärtiges ästhetisches Erleben unseren Alltag prägt, unser Konsumverhalten bestimmt, unsere Zugehörigkeiten formiert, unsere Lebensstile konstituiert und nicht zuletzt die Sphäre des Politischen prägt. Dieses betrifft Themen wie Geschlechterrollen und Liebesbeziehungen, Todesphantasien und die Stilisierung lebendiger Körper, Modediktate, Designtrends und Konsumpräferenzen, Arbeitsethiken, Freundschaftsrituale und demokratische Praktiken. All dieses hat spezifische Konjunkturen, wird zu bestimmten Zeiten besonders heiß und produktiv diskutiert.

Die Bände widmen sich auf dieser Basis aktuellen ästhetischen Phänomenen und Verhandlungen in literatur-, kultur-, medien- und gesellschaftswissenschaftlicher Perspektive und unterziehen sie semiotisch-kulturpoetischen Mikro- und Makroanalysen. Dadurch soll ihre kommunikative Dimension analysiert und kontextualisiert und ihre diskursive, politische wie ökonomische Aufladung transparent gemacht werden. Die Reihe richtet ihren Blick dorthin, wo mediale Aufmerksamkeit, ästhetische Prägnanz, ökonomische Potenz und kulturelle Virulenz sich an einem ästhetischen Kristallisationspunkt treffen. Konkret kann sich dies auf das Musikgeschäft, die Bildende Kunst, die Literaturproduktion, die Film- und Fernsehindustrie, Fangemeinden, Popkultur, Konsumästhetik etc. beziehen.

Sebastian Berlich

Who You Think I Am?

Masken in der Pop-Musik

J.B. METZLER

Sebastian Berlich
SFB 1472 Transformationen des
Populären
Universität Siegen
Siegen, Deutschland

ISSN 2730-7301   ISSN 2730-731X   (electronic)
Essays zur Gegenwartsästhetik
ISBN 978-3-662-64794-3   ISBN 978-3-662-64795-0   (eBook)
https://doi.org/10.1007/978-3-662-64795-0

Die Deutsche Nationalbibliothek verzeichnet diese Publikation in der Deutschen
Nationalbibliografie; detaillierte bibliografische Daten sind im Internet über http://
dnb.d-nb.de abrufbar.

Cover: © Artjazz/Shotshop/picture alliance

Planung/Lektorat: Ferdinand Pöhlmann
J.B. Metzler ist ein Imprint der eingetragenen Gesellschaft Springer-Verlag GmbH,
DE und ist ein Teil von Springer Nature.
Die Anschrift der Gesellschaft ist: Heidelberger Platz 3, 14197 Berlin, Germany

#maskon
#slipknotmask
#masquerade
#mfdoomforever
#maskedsinger
#realorfake
#sido

Danksagung

Da es dieses Buch nicht ohne die von der Volkswagen-Stiftung geförderte Reihe *Essays zur Gegenwartsästhetik* gäbe, gilt mein erster Dank den Herausgeber*innen Maren Lickhardt, Daniel Hornuff, Heinz Drügh und Moritz Baßler. Ursula Frohne und Moritz Baßler ist derweil zu verdanken, dass ich mich überhaupt so ausführlich mit der Maske in der Pop-Musik beschäftigen konnte. Sie haben das Thema als Gegenstand meiner Abschlussarbeit akzeptiert und mir das Vokabular beigebracht, mit dem ich hier arbeite. Ihr Feedback ist in dieses Manuskript geflossen, ebenso wie das aufmerksame Lektorat durch Ferdinand Pöhlmann, die Eindrücke von Karolin Baumann, Hendrik Günther, Daniel Hornuff, Anna Seidel, Johannes Ueberfeldt und insbesondere die nächtlichen Lektüren von Fabian Köster und Frederik Tebbe. Das Manuskript verfasst habe ich als Mitarbeiter von Thomas Hecken, auch ihm gilt mein Dank. Im Grunde müssten hier all jene stehen, die mich mit Pop sozialisiert haben oder mit denen ich in den vergangenen Jahren meine Thesen diskutieren durfte. Diese Liste wäre jedoch sicher nicht vollständig ohne meine Familie, die mich unermüdlich unterstützt hat, Mathias Neumann, dem selbst schlimmste Kopfschmerzen Slipknot nicht verleiden konnten, Kevin Bommer, mit dem ich mir im Grunde eine Musiksammlung teile, und Karoline Urbitzek, ohne die ich ein anderer Mensch wäre.

Inhaltsverzeichnis

Vom Gesicht zur Maske: Einleitung

„Who is Lana Del Rey?", fragt die Titelstory der 532. Ausgabe des Magazins *Interview,* fast als handele es sich bei ihr um eine Newcomerin, die es so in das Pop-Pantheon einzuführen gilt; einen Hype, ein aufzuklärendes Gerücht (Antonoff 2020). Die Geschichte läuft jedoch im Herbst 2020, neun Jahre nachdem die Sängerin und Songwriterin mit *Video Games,* vor allem dem von ihr verantworteten Musikvideo, schlagartig Ruhm erlangte und nun gerade in der Auffahrt zu ihrem sechsten Studioalbum steht. Neun Jahre, in denen die Musikerin Fragen jedoch eher angehäuft als beantwortet hat, von der prognostizierten Dauer ihrer Karriere über die politische Schlagseite ihrer US-nostalgischen Ästhetik (vgl. hierzu jüngst Hahn/Röttel 2021, S. 161–165) bis zur Performance ihres Körpers. In all diesen Belangen dreht sich die Evaluation ihrer Persona um die Kategorien *real* und *fake,* um Eigentlichkeit, Uneigentlichkeit und den weiten Grenzbereich dieser vagen Urteile.

S. Berlich, *Who You Think I Am?,* Essays zur Gegenwartsästhetik, https://doi.org/10.1007/978-3-662-64795-0_1

Der Vorspann des Interviews stellt diesen widersprüchlichen Zustand aus, noch stärker inszeniert ihn eine als Ausschnitt auch das Magazincover zierende Fotografie (s. Abb. 1): Del Rey steht, hüftaufwärts abgebildet, im Zentrum. Von rechts ragen einige unscharfe Halme ins Bild, das Kleid der Sängerin ist geblümt, um den Hals trägt sie eine Kette mit zwei silbernen, stilisierten Blüten. Del Rey blickt lasch aus dem Bild heraus und spannt die weißen Bänder eines funkelnden Mund-Nasen-Schutzes über ihre Ohren. Ob sie diesen gerade ab- oder aufsetzt, ist kaum zu entscheiden, aber sowieso fast egal. Nicht nur verfehlt die engmaschige, mit kleinen Perlen besetzte Maske ihren medizinischen Zweck, was auf dem Cover mit einem auf der rechten Schulter platzierten Hinweis kommentiert wird: „Please wear a mask. (Just not, you know, this one.)". Die nahezu transparente Maske verhüllt auch visuell nichts, fragmentiert lediglich Del Reys Mund- und Nasenpartie.

Abb. 1 Fotografie von Lana del Rey für das Magazin *Interview*, September 2020

Das Objekt wiederholt, was die Pose suggeriert: Die Maske verweist auf das darunterliegende Gesicht, verspricht es als Tiefendimension. Zugleich entsteht auf der Fotografie eine einzige schimmernde Oberfläche, kleinteilig zusammengesetzt aus Gesicht und Maske. Die Grenzen verschwimmen noch weiter auf einer Fotografie innerhalb des Artikels. Del Rey trägt hier eine schwarze Version der perlenbesetzten Maske, die in der Bildlegende als „Lana's own" (Antonoff 2020) ausgewiesen wird. Lesen lässt sich dieser Vermerk freilich ganz trivial, ist der Mund-Nasenschutz im Rahmen der seit Anfang 2020 grassierenden Covid-19-Pandemie doch auch in den USA zum Alltagsgegenstand avanciert. Der Vermerk bestätigt diesen Status, gerade im Gegensatz zu den von Mode-Labels gestellten Kleidern und Accessoires, die sonst in den Credits vermerkt sind. Die so entstehende Reibung zwischen Fashion und Gebrauchsgegenstand ist leicht als Seitenhieb auf die Gegenwart zu lesen.

Doch wenn die Maske trivial ist, wieso sie dann überhaupt so prominent in Szene setzen? Im Zusammenspiel mit der titelgebenden Frage („Who is Lana Del Rey?") ist diese Pose kaum anders denn als Verbildlichung zu lesen, und ist der metaphorische Rahmen erst einmal aufgespannt, gerät auch die Zuschreibung der Maske als „Lana's own" ins Wortspiel. Zumal das Interview die Maske ebenfalls im Spannungsfeld zwischen (vergeblich verhüllter) Prominenz und Alltag verortet: „Sometimes I'll go into a gas station on Route 66, mask on, glasses on, yada, yada, and the teller will be like, ‚Oh my gosh, you're that singer!' And I'm like, 'What the hell? How did you even recognize me?'" (ebd.). Die Maske ist Teil einer scheinbar beliebigen Aufführung, einer alltäglichen Szenerie, deren Pointe aber in Del Reys noch durch jeglichen Schleier erkennbarer Prominenz liegt. Dass diese Anekdote auf der legendären Route 66 angesiedelt ist, überhöht sie bereits mythisch; dass die hier dargestellte Maske, die ja laut Vermerk Del Reys alltäglichem Fundus entstammt, eher markiert als maskiert, mehr preisgibt als verhüllt, passt hervorragend zu ihrer ästhetischen Strategie. Die schillernde Maske ist in den Fotos und der Erzählung Teil einer Glam-Inszenierung, die die Soziologin Elena Beregow bei Del Rey ohnehin aktualisiert sieht (vgl. Beregow 2018, S. 167–168). Beregow beschreibt Glam als Gegenbewegung zu traditionelleren Rockkonzepten: „Statt auf musikalische Virtuosität zu setzen, bevorzugt Glam billige Effekte; statt eine authentische Musikerfigur zu entwerfen, fühlt Glam sich von einer maskenhaften Flachheit und Künstlichkeit angezogen; die Ernsthaftigkeit der Rock-Pose weicht der Lust am ironisch überzogenen Spektakel" (Beregow 2017, S. 62). Glam zeichnet eine ästhetizistische Haltung aus, die gerade dort Kontur erhält, wo sie unerwartet auftreten darf; also etwa in eher rationalen Debatten darüber, ob zur Eindämmung einer Pandemie ein wirksamer Mund-Nasenschutz getragen werden sollte. Die perlenbesetzte, eigentlich ja medizinisch notwendige Maske schillert durch ihre Zweckentfremdung umso heller.

Auf die Probe gestellt wird eine solche Haltung dort, wo sie Objekte nur von Zweck, nicht aber Kontext entbindet. Was in der künstlichen Magazinwelt erlaubt ist, kann im Alltag Sanktionen provozieren. Anfang Oktober 2020 trägt Del Rey die weiße, perlenbesetzte Maske während einer Signierstunde zur Veröffentlichung ihres Gedichtbands *Violet Bent Backwards Over The Grass*. Das öffentliche Event in einer Barnes-and-Nobles-Filiale in Los Angeles verlangt Hygienestandards, die Del Rey glamourös unterbietet. In den Sozialen Medien kursierende Fanfotografien dokumentieren das ebenso wie eine via Instagram verbreitete Einladung der Musikerin. An diesen Bildern entzündet sich eine Debatte

über Style und Verantwortung, die in Musik-, Nach-
richten- und Boulevardmedien ebenso wie in Kommentarspalten geführt und von Del Rey durch ein Statement im
November abermals befeuert wird. Im Detail verraten die
Beiträge Einiges über das mediale Potenzial einer Über-
schneidung von Pandemie und Star-Entgleisung, sie
bilden aber auch die Echokammer eines damals bereits
abgedrehten, im Januar 2021 veröffentlichten Musikvideos.

Der durch diese Kontroverse bestätigte Regelverstoß
ist Dreh- und Angelpunkt des Clips zur Single *Chemtrails
over the Country Club*. Dessen erste Hälfte besteht wie für
Del Rey üblich aus einer assoziativen Montage patinierter
Bilder. Während die Sängerin am Pool liegt, mit einem
roten Mercedes-Oldtimer über Landstraßen fährt oder
sich mit Freundinnen trifft, trägt sie dieses Mal jedoch in
einzelnen Einstellungen, inhaltlich nicht weiter begründet,
die perlenbesetzte Maske. Der Zweck ist kein gewissen-
hafter 2020-Naturalismus, dazu tritt die Maske zu
sporadisch in Erscheinung. Sowieso widerspräche derart
genau dokumentierte Gegenwart dem gewohnt wohligen
Pop-Surrealismus. Dessen Traumbilder kippen dieses
Mal jedoch nach halber Laufzeit. Als Del Rey an einem
Obststand ihre Maske lüftet und in eine leuchtend-gelbe
Zitrone beißt, gerät der Song aus den Fugen. Mit einem
Mal ist alles anders: Kindliche Unschuld weicht weiblicher Sexualität, der rote Mercedes steht in Flammen, um
ihn herum heulen die zuvor friedlich im Café sitzenden
Freundinnen nicht nur neben Wölfen, sondern selbst zu
Wolfsfrauen transformiert. Das Motiv aus *The Wizard Of
Oz* (1939) entführt uns in die Bildwelt der B-Movies, die
einige Elemente der ersten Hälfte spiegelt. So findet sich
die Ästhetik von „Lana's own" Maske nun in den durchlässigen, perlenbesetzten Kleidern der Freundinnen wieder,
die sie auch noch tragen, als sie nach Hause, in ihre Betten

kriechen. Del Rey liegt am Ende alleine im Bett, auf der Kommode daneben ruht lediglich eine Wolfsmaske.

Das gesamte Musikvideo ist mit übercodierten Symbolen gespickt, passend zu den für Del Rey typischen Zitat-Oberflächen. Schon rein strukturell sticht die Maske allerdings daraus hervor, zumal der Biss in die Zitrone auf die biblische Geschichte von der Frau und der Frucht verweist und sogar versucht, diesen misogynen Mythos in eine Feier weiblicher, wilder Sexualität zu überführen. Entsprechend ist die Maske nur in der ersten Hälfte als Objekt präsent, in der zweiten Hälfte taucht sie nur noch transformiert, als ästhetisches Zitat auf. Auch über diese biblische Anspielung hinaus arbeitet das Musik-video mit der Bedeutung gerade Del Reys Mundes. Ver-bunden mit ihren zahlreichen kontroversen Aussagen ist er auch ohne Aerosole längst ein Gefahrenraum. Zugleich werden ihr Mund, vor allem jedoch ihre Lippen aus-dauernd ästhetisch diskutiert, meist bezogen auf die Frage ‚real oder fake‘. Angefangen bei der Rezeption ihres ersten Late-Night-Show-Auftritts (‚Kann sie überhaupt wirklich singen?‘), veranlasst gerade die Naturbelassenheit ihrer Lippen immer wieder Spekulationen. Auch zu Fetisch und Vorbild avancieren sie: Neben Analysen gibt es Tutorials „How to get Lana Del Rey LIPS!!!“ (Cottonsocks 2013) und Sammlungen von Screenshots, in denen die Sängerin Dinge (lies: Phallus-Substitute) in ihren Mund steckt (vgl. Williott 2014, User [deleted] 2018).

Das gesellschaftliche Gebot, einen Mund-Nasenschutz zu tragen, fordert Del Reys Glam-Ästhetik nun gleich mehrfach heraus. Die Maske verdeckt den begehrten Mund vor der Öffentlichkeit und fordert, Stilfragen hinter die ethische Verpflichtung zu stellen. Del Rey nutzt diese Spannung, um das kontroverse, sexualisierte Körperteil spektakulär zu inszenieren. Vor allem macht sie die Maske, traditionell ja ein klares Zeichen des Schauspiels, zu einem

Zeichen ihrer unentscheidbaren Persona. Den Punkt macht bereits das *Interview*-Cover: Wer Lana Del Rey ist, lässt sich nicht beantworten, indem man eine öffentliche Maske abzieht. Mehr noch, es gibt diese öffentliche Maske gar nicht, sie bildet eine Fläche gemeinsam mit dem vermeintlich authentischen Gesicht dahinter, und sowieso lässt sich ja gar nicht entscheiden, ob Del Rey hier gerade eine Maske auf- oder absetzt.

Das Foto bezieht sich fraglos auf die Gegenwart, arbeitet an dem kontroversen Potenzial, das einige Wochen später in der Debatte um Del Reys Barnes-And-Nobles-Auftritt explodiert. Umso deutlicher aber ist der semantische Überschuss des Fotos, die ambivalente Geste, die sich schon in der durchlässigen Ästhetik der Maske selbst andeutet. Nicht nur fängt der Gegenstand hervorragend Del Reys Glam-Potenzial und die damit verbundene, von der indifferenten Geste und ihrem Blick noch verstärkte Coolness ein. Im visuellen Spiel mit den Kategorien Oberfläche und Tiefe verbildlicht Del Rey die Metaphern einer Debatte um ‚*real* und *fake*‘, die bei ihr sehr zugespitzt, aber auf keinen Fall exklusiv geführt wird. Ganz im Gegenteil hält der Pop-Theoretiker Diedrich Diederichsen diesen Zustand in seinem Standardwerk *Über Pop-Musik* (2014) als „entscheidende Spielregel" der Pop-Musik fest: „Es ist konstitutiv für alle Pop-Musik, dass in keinem Moment klar sein darf, ob eine Rolle oder eine reale Person spricht" (Diederichsen 2014a, S. XXIV).

Die Maske steht dabei traditionell in einer Reihe „generischer Oppositionen" (Weihe 2004, S. 69) auf Seiten der Rolle, des Künstlichen, des *Fake*. Es steht also der Verdacht im Raum, dass die Maske mit der Spielregel bricht und sich eindeutig für die Rolle entscheidet. Die Analyse des *Interview*-Covermotivs spricht gegen diesen Kurzschluss: Statt sie zu brechen, scheint die Maske diese Regel zu reflektieren. Auf die Frage „Who is Lana

Del Rey?" antwortet das Bild nicht, viel eher wird die Möglichkeit einer klaren Antwort ad absurdum geführt. Und es bleibt nicht bei diesem Effekt: Diese spezielle Maske verkörpert mit Glam ein ästhetisches Programm und bezieht sich auf Diskurse wie Sicherheit und Sexualität. Zugleich zeigt sich gerade im Musikvideo zu *Chemtrails over the Country Club* das Potenzial der Maske, eine Erzählung zu gliedern, einen Schlüsselmoment zu markieren. Was bei Del Rey nun sehr konzentriert, im Rahmen weniger Wochen, Bilder und Musik-videos stattfindet, prägt die gesamten Karrieren anderer Musiker*innen. Von ihnen handelt dieses Buch.

Pop-Spiele, Pop-Menschen, Pop-Masken

Ihre Zahl ist gemessen am gesamten Feld der Pop-Musik zwar klein, absolut sticht sie aber deutlich ins Auge. Vor allem ist das Phänomen weit verzweigt: Masken ziehen sich quer durch verschiedene Dekaden und Genres, tauchen im Mainstream und Underground auf, als hoch-gehandelte Kunst und billiges Spektakel. Immer wieder bilden sie Cluster, etwa im deutschsprachigen Rap der 2010er (Antifuchs, BBZ, Cro, Degenhardt, Genetikk, Lance Butters, Mauli, Pilz) oder in der Electronic Dance Music (kurz: EDM) ab der Jahrtausendwende (Angerfist, Boris Brejcha, Claptone, Daft Punk, Deadmau5, Marshmello, SBTRKT, Zardonic). Ebenso tauchen sie jedoch auch vereinzelt, isoliert auf; so etwa bei der faschistoiden, seit den 1980ern agierenden Neofolk-Band Death in June, dem Comic-artigen Entertainer Blowfly oder dem russischen, in Sturmhauben auf-tretenden Punk-Kollektiv Pussy Riot. Vernetzt sind viele dieser Personae nur über das Merkmal ‚Maske', was dieses umso signifikanter macht. Um Spekulationen über die Gründe für die ausdauernde Maskennutzung geht es mir weniger, meine leitende Frage setzt tiefer an: Was passiert, wenn Pop-Stars über längere Zeit eine starre Maske als öffentliches Gesicht tragen?

So blauäugig lässt sich auch fragen, weil das Phänomen bislang kaum beachtet worden ist. Vielleicht gerade, weil man genau hinsehen und weite Teile des Feldes Pop-Musik überblicken muss, um es zu erkennen. Beides zählte zumindest lange Zeit nicht unbedingt zu den Stärken der Pop-Forschung. Entsprechend gibt es bislang zwar zahlreiche journalistische Artikel (gerne mit oder gleich als Bildergalerie), aber im Grunde keine wissenschaftliche Betrachtung zum Thema. Populäre Figuren wie MF Doom (vgl. Hess 2005; Ramírez 2021), Sido (vgl. Baier 2012; Gruber 2017) oder Slipknot (vgl. Halnon 2006) tauchen in der Forschung auf, um die Masken geht es dabei aber oft nur am Rande und dann eben als reine Fallstudie. Auf diese Lücke reagiert das vorliegende Buch, geleitet auch von Fragen nach den Potenzialen und Strategien der Maskierung, die bereits am Beispiel Del Rey hervorgetreten sind: Welche Rolle spielen etwa die verschiedenen ‚Ebenen' der Maske, also ihre Oberfläche, ihr eigener ‚Körper' und ihre Rückseite? Wie interagieren diese Schichten mit dem Gesicht? Welche Rolle spielt die Materialität der Maske?

Diese Fragen hängen mit der Pop-Persona zusammen, die in diesem Buch mein maßgeblicher Untersuchungsgegenstand ist. Und tatsächlich ergeben sich zwischen der Persona, als ambivalenter Größe zwischen Rolle und Person, und der Form ‚Maske' erstaunliche Wechselwirkungen, die Del Rey bereits mit ihrer Geste zwischen Auf- und Absetzen einfängt. So schlicht mein Vorhaben anmutet, zeigt doch schon dieses Eingangsbeispiel, dass die Maske eben kein bloßes Accessoire, sondern mit Bedeutung aufgeladen und in Bewegungen eingebunden ist. Und mehr noch: Sie greift direkt in das Spiel der Pop-Musik ein. Die Maske zu studieren, bedeutet auch, sich den Regeln dieses Spiels zu nähern – und zu beobachten, wie die Teilnehmer*innen die Regeln immer wieder reflektieren und modifizieren.

Die Maske ist als auch dekoratives Phänomen zudem nicht nur bemerkenswert, weil sie seltener auftritt als etwa das verwandte Kostüm. Mit dem Gesicht verhüllt sie einen empfindlichen, markanten Teil des Stars, auch das ist Del Reys kreativer, transparenter Interpretation des Mund-Nasenschutzes bereits anzumerken. Diederichsen rückt das Gesicht ins Zentrum der gesamten Gattung: „Pop-Musik handelt also von Stars oder allgemeiner: öffentlichen Gesichtern und diesen zugeordneten, weiteren Zeichen" (Diederichsen 2014a, S. 13). Die Bedeutung des Zeichens begründet er einige Zeilen zuvor: „Das transportable, visuelle Logo Gesicht ist das Zeichen-objekt, das zwischen der akustischen Produktion einer Aufnahme und der sozialen Gewalt einer Performance hilft, einen Alltag zu installieren und zu bestreiten" (ebd.). Das Gesicht stiftet im Chaos der Pop-Musik-Erfahrung Kohärenz und verleimt zugleich produktionsseitig die einzelnen Verästelungen einer sich nach und nach ent-faltenden Biografie des Stars. Es ist damit ein spezielles Logo, dessen Funktionen die Maske adaptieren muss. Das gilt auch für die zeitliche Dimension, also Haltbar- und Anpassungsfähigkeit eines Logos, gerade im Zusammen-spiel mit einem alternden, sterblichen Körper.

Die besondere Bedeutung des Gegenstands wird auch klar, beobachtet man den Gebrauch der Maske als Sprachbild im Schreiben über Pop-Musik. Wenn Masken materialisieren, auch das zeigt Del Rey, aktivieren sie immer auch dieses metaphorische Potenzial. Gerade bei archetypischen Figuren der Pop-Musik wie Madonna oder David Bowie, deren Markenzeichen das permanente Re-Modeling ist, ist die Rede von der Maske nicht weit. Ein Blick über die Berichterstattung gerade zum späten Bowie bestätigt diesen Eindruck. So titelt die *Neue Zürcher Zeitung* etwa anlässlich der Bowie-Retrospektive im Londoner Victoria & Albert Museum „Meister der Masken" (Löhndorf 2013), während Rose-Maria Gropp in der *Frankfurter Allgemeinen Zeitung* ein Jahr später anlässlich der Station der Ausstellung im Berliner Gropius Bau Bowies Fernbleiben zum Verfahren seiner Karriere erklärt: „[D]ieses Selbst hält sich eben bedeckt, am liebsten hinter der Maske ‚Ich ist ein Anderer'" (Gropp 2014). Zwei Jahre später verschlagwortet Chris Weiß in einem Nachruf auf den Musiker für *musikexpress.de* nur noch „Superstar, Erneuerer, Chamäleon, Träger von Masken, Erfinder von Identitäten" (Weiß 2016), während Sascha Seiler auf *literaturkritik.de* bilanziert: „Der Künstler, der noch jeden Moment seiner Karriere als gigantische Inszenierung betrieben hat, dessen wahre Identität hinter seinen zahlreichen Masken wohl nie zum Vorschein gekommen ist, hat sich die größte Inszenierung für's [sic!] Ende aufgehoben" (Seiler 2016). Dass zumindest das Spiel mit der Demaskierung zur Maske gehört, belegt der Pressetext zu Bowies 21. Studioalbum *Hours* (1999): „Zum ersten Mal in seiner Karriere läßt er die Maske fallen. Dieses Album ist eine wirklich gelebte Biographie aus Verlust, Bedauern und Reue" (Massa 1999).

Bowie eignet sich für die Maskenmetapher auch, weil ihm seine Rollen stets anzusehen waren; seine Klangidentität variierte nicht nur von Album zu Album, er gab ihr oft auch einen Look, manchmal sogar einen Namen, so dass es zu Missverständnissen wie diesem im *Lexikon der Filmbegriffe* unter dem Stichwort ‚Persona' kommen kann: „Im Sinne der ‚Maske' oder ‚Charaktermaske' werden auch Kunstfiguren bezeichnet, die symbolische Eigenständigkeit gewinnen und manchmal die Persönlichkeit des Schauspielers überlagern oder gar verdrängen. [...] Beispiele sind die Persona des 'Monsieur Hulot' (= Jacques Tati), des 'Ziggy Stardust' (= David Bowie) oder der 'Mutter Beimer' (= Marie-Luise Marjan)" (Bruns/ Meyer/Schlichter 2014). Im Fall Bowie sollte schon stutzen lassen, dass er selbst ja eine Persona war, die den 'Darsteller' David Robert Jones überlagerte.

Zudem qualifizieren sich Ziggy Stardust, aber auch Halloween Jack (vom Album *Diamond Dogs,* 1974) oder der Thin White Duke (vor allem *Station to Station,* 1976) gerade dadurch als sprachbildliche Masken, dass sie übergestülpt wirken, keine eigene psychologische Tiefe aufweisen, sondern stets auf die Person 'dahinter' verweisen. Konglomerate aus Verkleidungen, Posen, Manierismen, Aussprüchen, Drogen, Stilzitaten, die aber nie David Bowie von seiner Haftbarkeit befreien. Als er Mitte der 1970er Jahre in Interviews mit profaschistischen Statements kokettiert, sind diese Teil der kokaingetriebenen Inszenierung als Thin White (!) Duke, zugleich aber auch Aussagen, für die sich der Künstler David Bowie in den folgenden Jahren wiederholt rechtfertigen, die er einordnen muss. Problematisch wird hier ein Zustand, der jede Phase Bowies prägt – die Unsicherheit, wer hier nun eigentlich in welchem Modus spricht. Ihm gelingt es an der Schwelle zwischen Fakt und Fiktion, in der Ununterscheidbarkeit von Rolle und Person „Werke zu serialisieren und Serielles werkhaft erscheinen zu lassen" (Kelleter 2016, S. 50). Das heißt auch: Weder agiert er als Rollen in einzelnen Werken, noch tritt er als Person in einer fortschreitenden Biografie auf. Er tut irgendwie beides gleichzeitig.

Ähnlich wie bei Del Rey gelten die getroffenen Beobachtungen keineswegs exklusiv für Bowie; sie treten bei ihm nur besonders deutlich hervor. Daher eignet er sich als Archetyp einer Gattung, deren Erzeugnisse Diederichsen zufolge immer wieder um eine Frage kreisen: „Was ist das für ein Typ?" (Diederichsen 2014a, S. XXV). Diese Frage interessiert freilich nur so lange, wie nicht tatsächlich Personalausweis oder Rollenbeschreibung auf dem Tisch liegen. Doch was ist Pop-Musik, dass sie von ihren Akteur*innen weder das eine noch das andere verlangt? Eine einfache Antwort gibt es darauf nicht, umso wichtiger scheint mir, dass ich mein vor allem an Diederichsen angelehntes Verständnis des Pop-Begriffs zumindest in Grundzügen darlege.

Dieses Verständnis ist enger als das, was Begriffe wie populäre Musik oder Kulturindustrie umreißen. Pop ist in diesem Sinn nicht Volkskultur, nicht Massenkultur, auch nicht das Gegenteil Ernster Kultur, sondern eine eigene Größe. Pop-Musik wird performt auf medialen Bühnen, entweder live oder aufgezeichnet. Pop-Musik ist daher eine indexikalische Kunst, gestützt auf Fono- und Fotografie. Sie ist aber auch eine ikonische Kunst und als solche gestaltet, inszeniert, designt. Pop-Musik ist intermedial, ein Konglomerat aus Fotos, Videos, Interviews, Einschätzungen, Noten, Geräuschen, Bild- und Soundwelten, Mythen, Posen. Pop-Musik bietet eine Arena für Blicke und einen Parcours für Spurensuchen. Pop handelt, Performance-Kunst nicht unähnlich, von Subjekten, die auch Objekte sind, nach denen Fans suchen, die sie begehren, mit denen sie sich identifizieren, um die herum sie Kulte und Gemeinschaften bilden. Die Biografien dieser Subjekte sind kulturindustriell fabriziert, seriell, hängen mit einem Körper zusammen und sind auf Verknüpfungen in der Rezeption angewiesen. Pop-Musik ist keine Aussage, sondern eine Frage: „Was ist das für ein Typ?" Oder eben: „Who is Lana Del Rey?"

Hierfür sind Gesichterlektüren notwendig, in denen mit dem Gesicht das zentrale Zeichen der Pop-Musik (wieder-)erkannt, eingeordnet und durch Kritik, Flirt, Adoration und Ähnliches weiterverarbeitet wird (vgl. Diederichsen 2014b, S. 133–134). Gesichterlektüren gehören grundsätzlich zum Leben in Gesellschaft. Ihre Regeln ändern sich jedoch zuerst im urbanen, zunehmend unübersichtlichen Raum nach der Industrialisierung (vgl. Eco 1988a, S. 80) und abermals durch Fotografien und deren kulturindustrielle Verbreitung, die dazu führt, dass Gesichter plötzlich nicht nur bekannt oder unbekannt, sondern überbekannt sein können (vgl. Diederichsen 2014b, S. 138). Überbekannte Gesichter kann ich (wiederer-)kennen, ohne die Person dahinter zu kennen – und einer mehr oder minder großen Zahl anderer Menschen geht es ebenso mit diesem Gesicht. Doch wie verhalten wir uns in der Rezeption zu diesen Gesichtern? Noch schwieriger wird diese Frage, wird die Lektüre durch eine Maske erschwert. Besonders deutlich ist das der Fall bei starren Masken, die ich mit Cara McCarty und John Nunley als Objekt beschreibe, das entweder das Gesicht oder den gesamten Kopf (teil-)bedeckt (McCarty/Nunley 1999, S. 10). Del Rey wäre somit ein Grenzfall, wobei dieses Buch nicht auf eine scharfe Definition der Maske zielt. Viel eher brauche ich die scharfe Definition, um den Extremfall des Bruchs mit den Erwartungen an den lebendigen Starkörper durch das unbelebte, starre Gesicht fokussieren und das Feld meiner Untersuchung eingrenzen zu können.

Ausgeschlossen sind von der Analyse daher Schminkmasken und Verkleidungen ohne Maske (wie sie etwa Bowie nutzt), nicht-umkehrbare Modifikationen des Gesichts (etwa die Tattoos, Piercings oder Diamant-Implantate der Rapper Lil Peep, Lil Wayne, Lil Uzi Vert etc.), grafische Repräsentation (Gorillaz) sowie die Verweigerung (direkter) Repräsentation auf Bildern (Burial). All das gehört, gemeinsam mit den metaphorischen

Masken, zu den Rändern des hier untersuchten Phänomens, stellt einen Resonanzraum und mögliche Anschlusspunkte dar; hier geht es primär um die extremen Ausprägungen der Maske in der Pop-Musik. Daher auch das Kriterium der ‚längeren Zeit‘, die keine feste Größe ist, aber eben über eine spezifische Nutzung (Video, Auftritt, Covershooting) hinausgeht. In solchen Kontexten verweist die Maske oft ‚nur‘ auf eine situative Rolle, selbst wenn es Ausnahmen und Grauzonen gibt. Del Rey ist das beste Beispiel hierfür und stärkt zudem meine These, dass die Pop-Musik-Frage nur so lange interessiert, wie Maske und Gesicht in der Schwebe sind. Die berechtigte Frage lautet daran anschließend aber, warum die maskierte Pop-Persona, die diesen Schwebezustand aufkündigt, noch immer der Pop-Musik zugerechnet wird, und nicht dem Musical, als zeitgenössisches Phantom der Oper.

Dieser Frage nähere ich mich über die Außenseite der Maske, geleitet von der These, dass die Maske nicht notwendig eine klare Rolle mit sich bringt, sondern die Struktur der Pop-Persona und ihrer Unentschiedenheit zwischen Person und Rolle doppelt – und zwar während sich die Persona konstituiert, ein Vorgang, den die Maske stört, kommentiert und formt. Die dazu eingesetzte Ästhetik sowie Authentizitätsrhetorik und die Verweisstrukturen der Maske beschreibe ich an der US-amerikanischen Metal-Band Slipknot, die sich Mitte der 1990er Jahre in Des Moines, Iowa gegründet hat und als Nonett uniform in Overalls und je individuellen Masken auftritt. Slipknot eignen sich hervorragend aufgrund ihrer hohen Mitgliederzahl und ihres reichhaltigen Bildarchivs für dieses komplexe Unterfangen. Es ist in diesem ersten Schritt notwendig, sowohl die Maske als auch das Subjekt der Pop-Musik sorgfältig abzutasten und beides in Relation zu setzen. Die starre Qualität der Maske selbst und ihre Rolle in Coolness-Inszenierungen beobachte ich anschließend am New Yorker Rapper MF Doom und dem Berliner Rapper Sido. Und folgerichtig blicke ich nach der Außenseite und der Maske als Objekt an sich auch auf die Rückseite sowie den mit ihr verbundenen Effekt der Anonymität: Hier geht es um eine Vielzahl von Beispielen, bereits im Buch etablierte wie Sido und Slipknot, aber auch neue wie Fever Ray, Sia und Musiker*innen aus der EDM.

Gerade in diesem Genre werden Strategien der Anonymisierung oft subversiv gelesen, doch wie bei allen anderen hier diskutierten Werten muss die Maske auch hinsichtlich ihrer Anonymität stets rekalibriert werden, soll sie nicht zum Logo gerinnen und doch überbekannt werden. Die konsumästhetische Dimension der Maske, ihre Einbindung in die Feedbackschleifen des Pop und ihre Identifikationsangebote sollen wiederum am Beispiel Slipknot diskutiert werden. Identifizieren können sich Fans jedoch nicht nur mit der Pop-Persona – im Fall der maskierten, anonymen Persona können sie diese auch schlicht mit einer Privatperson, einem Gesicht identifizieren. Zwei unterschiedlich verlaufene Demaskierungen untersuche ich in den Medienbiografien von Slipknot und Sido. Die bislang in der Pop-Forschung unterschätzte Dimension der zeitlichen Entfaltung einer Diskografie tritt bei dieser Beobachtung der Maske deutlich hervor und mündet in eine Reprise der starren Maske als Todessymbol. Neben MF Doom, Sido und Slipknot geht es hier auch um die Nu-Metal-Band Static-X.

Bis zu diesem Punkt habe ich mich an spezifischen Qualitäten der starren Maske orientiert und Wechselwirkungen mit Pop-Faktoren wie Serialität, Feedback, Stilgemeinschaften oder eben Authentizität und Coolness diskutiert. Der psychoanalytisch geprägte Diskurs um Geschlecht als Maskerade, den Doris Leibetseder bereits mit der Pop-Musik in Verbindung gebracht hat

(Leibetseder 2010), gehört ebenfalls zum Inventar der Maskenforschung und wird von mir mit konkreten, starren Masken konfrontiert – motiviert auch durch den Umstand, dass sich ein Großteil dieses Buches mit männlichen Positionen beschäftigt; durchaus repräsentativ für das Geschlechterverhältnis im Feld. Generell kann dieses Buch das mehr als 200 maskierte Bands und Solo-Künstler*innen umfassende Feld, selbst ungeachtet all der angrenzenden Bereiche, nicht erschöpfend bestellen. Daher ist es mir wichtig, nah an der starren Maske zu argumentieren, Beispiele mit reichhaltigem Fundus zu wählen und diese immer wieder zueinander in Beziehung zu setzen. Am Ende ordne ich das Phänomen vorsichtig pop-historisch ein, auch in Vorbereitung weiterer Studien zur Rolle der Maske in der Pop-Musik.

Die Maske ist mehr als ein spektakuläres Designelement, obwohl sie das ausdrücklich auch ist. In der Maske denkt Pop-Musik visuell, spielerisch, teils auch harsch über sich selbst nach. Das zu untersuchen, so zeigt dieses Buch, verrät eine Menge über die Verfahren von Pop-Musik im Allgemeinen. Doch beginnen wir von vorne, mit der Außenseite der Maske.

Die doppelte Persona: Pop-Subjekt und Maske

Der Blick auf die Außenseite der Maske ist oft schon Herausforderung genug, bestes Beispiel ist das hier abgedruckte Foto der Band Slipknot aus dem Jahr 1999 (S. Abb. 2). Wer mittlerweile gut 20 Jahre mit der Ästhetik der Band vertraut ist, kann die entscheidenden Komponenten direkt benennen und einordnen. Die rote Farbe der Overalls verweist auf die Zeit der Veröffentlichung des Debütalbums *Slipknot* (1999), ebenso die Masken, die sich mit jedem Albumzyklus verändern. Da sich die Masken zudem untereinander unterscheiden, ist dem geschulten Auge auch die Identifikation der einzelnen Mitglieder möglich. Von links nach rechts handelt es sich um: Craig Jones (Sampling), Joey Jordison (Schlagzeug), Mick Thomson (Gitarre), Shawn Crahan (Perkussion), Corey Taylor (Gesang), Jim Root (Gitarre), Sid Wilson (DJ), Paul Gray (Bass) und Chris Fehn (Perkussion).

Fürs Erste möchte ich dieses Wissen jedoch zurückstellen und mich auf die reine Oberfläche des Bildes

S. Berlich, *Who You Think I Am?*, Essays zur Gegenwartsästhetik, https://doi.org/10.1007/978-3-662-64795-0_2

Abb. 2 Slipknot auf einem Spielplatz in Des Moines, Iowa

konzentrieren, das der für die Bildsprache der Band entscheidende Fotograf Paul Harries 1999 auf einem Spielplatz in Des Moines, Iowa geschossen hat. Im Zentrum
steht die neunköpfige Band, in drei Reihen platziert vor
einem Klettergerüst. Bis auf Fehns rechten Fuß befinden
sich die Körper vollständig im Bildraum und nehmen
dort verschiedenste Posen ein. Jones steht etwa ganz links
kerzengerade, während Jordison sich daneben nach vorne
beugt und seine Arme auf Kopfhöhe anwinkelt. Auch
Crahan und Wilson gestikulieren an der Spitze des Fotos
mit ausgebreiteten Armen, wohingegen die Figuren in
der Mitte eher regungslos scheinen und erst Fehn wieder
scheinbar beiläufig von der Seite ins Bild läuft.

Je nach Position im Bild sind auf den uniformen
Overalls Barcodes, ein stilisiertes ‚S' sowie eine eingekreiste

Nummer zu sehen. Letztere variiert von Mitglied zu Mitglied, jedem ist eine eigene zwischen null und acht zugeordnet. Ansonsten unterscheiden sich die Figuren neben ihren im Sand versunkenen Schuhen vor allem durch ihre Masken. Bereits der Grad der Verhüllung durch diese ist nicht einheitlich: Während manche Masken den gesamten Kopf bedecken, lugen durch andere Haare hindurch. Auch ästhetisch ergeben sie keine Einheit. Erneut von links nach rechts lassen sich die Masken etwa so beschreiben: ein mit Metallstacheln übersäter Sturzhelm; eine weiße, mit schwarzen Strichen verzierte Gesichtsmaske; eine graue, scheinbar zusammengeflickte, reflektierende Gesichtsmaske; eine den gesamten Kopf bedeckende Clownsmaske mit orangenen Haaren; eine graue Kopfmaske, durch die sich Dreadlocks bohren; eine mit Lederriemen befestigte, an einen Narren erinnernde Gesichtsmaske; eine weiße Gasmaske; eine ebenfalls mit Lederriemen befestigte Schweine-Gesichtsmaske; und eine schwarze Isolationsmaske, auf die eine weitere, gräuliche Gesichtsmaske mit langer Nase genietet ist.

Hermeneutisch ließe sich nun impulsiv fragen: Was soll das? Was steckt hinter diesen Masken? Die Probleme beginnen allerdings bereits auf Zeichenebene, nämlich bei der Frage: Was repräsentieren diese Masken, worauf verweisen sie? Basal lässt sich die Performance von Masken mit einer einfachen Formel beschreiben: Subjekt (A) setzt Maske (B) auf und repräsentiert nun (X) (vgl. Assmann 2002, S. 168; Fischer-Lichte 2007, S. 108-109; Weihe 2004, S. 60). Im Theater sind es Rollen, die mit der Ikonografie der Maske verbunden sind, im Totenkult Verstorbene, im Ritual jenseitige Wesen, die Besitz von den Maskierten ergreifen. (X) ist in der Regel über Codes und Kontext festgelegt; das Genre ‚Bandfoto' gibt uns aber zunächst keinen Schlüssel für das Präsentierte. Das Gesicht des Stars fungiert auf Fotografien in der Regel als ikonische Repräsentation des wahrhaftig erlebbaren Stars, als indexikalischer Beweis seiner Existenz, mithin als repräsentativer Teil eines Ganzen. Was repräsentieren nun aber diese Masken, woher kommen sie?

Im Bild lässt sich bereits erahnen und mit etwas Recherche sicher nachvollziehen, dass einige dieser Masken dem Warenkreislauf entnommen und modifiziert wurden, so etwa die auf dem hier abgedruckten Foto noch unbearbeitete Clownsmaske. Im Grunde handelt es sich dabei um einen Vorgang, den der Kulturwissenschaftler Dick Hebdige bereits Ende der 1970er Jahre in Anlehnung an Claude Lévi-Strauss' Konzept der ‚Bricolage' als typisch für die Entwicklung jugendkultureller Stile beschreibt (vgl. Hebdige 1983, S. 94–97). Auch die Masken sind zunächst vorgefundene Objekte, die angeeignet werden und in einem, hier sogar mehreren unerwarteten Kontexten auftauchen. Auffällig ist zunächst das Setting des Fotos: Neun Erwachsene stehen auf einem Spielplatz, am helllichten Tag, in nicht näher definierter Arbeitskleidung, mit entstellenden Masken und schauen wahlweise finster drein oder machen Faxen. Doch im Grunde bricht schon die Existenz der Maske in diesem Bandfoto mit der Erwartung an solche Bilder und den Starkörpern darauf, verursacht durch die Funktionsweise der starren Maske selbst.

Daher auch der Fokus dieses Buches auf die starre Maske, daher der eigene Platz für das Objekt (B) in obiger Formel: Rückt die Schminkmaske in Inszenierungen von Geschlecht, aber auch im Theater in den Hintergrund, naturalisiert und erlaubt einen individuellen Ausdruck, zeichnen sich starre Masken dagegen durch ihre „eigene Unangemessenheit und Uneigentlichkeit" aus (Assmann 2002, S. 151). Sie stilisieren und betonen die Differenz zwischen (A) und (X) und sind mit dem Maskenforscher Richard Weihe die „Hypothese der Existenzform eines

Anderen" (Weihe 2004, S. 16–17). Per se sind diese
Zeichen also nicht diskret, sondern sind mit einem Wort
Roman Jakobsons selbst ‚spürbar' (vgl. Jakobson 1979,
S. 93). Dazu führt eine Unentschiedenheit im Verhält-
nis zwischen Maske und Gesicht: Die Maske zitiert
das menschliche Gesicht, ist aber offensichtlich eine
ganz andere Art ‚Gesicht' (vgl. Ogibenin 1975, S. 5).
Die Maske verstärkt oder löscht Mimik, spielt mit der
Morphologie des Gesichts und gestaltet Lektüreprozesse.
Der Semiotiker Achim Eschbach präzisiert dieses Verhält-
nis: Die Maske ist „sowohl Gesicht als auch Anti-Gesicht"
(Eschbach 1979, S. 161).

Dieses Spannungsverhältnis, das zur Ambivalenz der
Maske beiträgt, besteht nicht nur zwischen den abstrakten
Größen ‚Gesicht' und ‚Maske'. Die getragene Maske verdeckt nicht nur ein Gesicht und präsentiert ein anderes.
Durch ihre Öffnungen, meist für Augen und Mund,
interagiert sie mit dem Gesicht dahinter. Das kann so
weit gehen wie bei Del Reys Maske, die mit dem Gesicht
gemeinsam eine neue, schimmernde Oberfläche bildet.
Zudem ist die Maske selbst reversibel (vgl. Barasch 2002,
S. 125) und somit mehransichtig, besteht stets aus einer
konkaven Innen- und einer konvexen Außenseite. Die
Maske (B) verdeckt etwas von (A), bewahrt es auf der
anonymen Innenseite, und enthüllt mit der semiotisierten
Außenseite etwas über (X), ohne dass sich die drei Größen
vollends zu einer neuen Einheit auflösen. Ob die Maske
(B) mit ihren beiden Seiten eher trennt oder vereint, bleibt
dabei unentschieden und mehransichtig wie das Objekt
selbst (vgl. Weihe 2004, S. 360).

Diese Unentschiedenheit geht auch in die Verweis-
struktur der Maske ein, die nicht nur potenziell ikonisch
(also via Ähnlichkeit), indexikalisch (also via Logik,
Kontext) oder konventionell auf ein (X) verweist (vgl.
Peirce 1983, S. 65–66), sondern stets auch auf sich selbst.

„Die Maske verweist auf ihre eigene Nichtauthentizität" (Assmann 2002, S. 151), sie verortet uns in einer „hergestellten, zeichenhaften Welt" (Weihe 2004, S. 18). In Kontexten wie dem Maskentheater überrascht das nicht. Wo wir die Maske nicht erwarten, führt diese Verortung jedoch zu einem Bruch. Die Maske fordert dann eine sorgfältige, frische Lektüre heraus, wie es der Strukturalist Viktor Schklowski für die Kunst als Verfahren beschreibt: „Ziel der Kunst ist es, ein Empfinden für die Dinge zu vermitteln, das sie uns sehen und nicht nur wiedererkennen lässt" (Schklowski 1987, S. 17–18). Statt eines weiteren Stars mit einem weiteren Gesicht, das sich in ein erlerntes Muster des Überbekannten einordnen lässt, muss hier nochmal richtig hingeschaut werden.

Die Maske als semantisches Puzzle

Als Slipknot 1999 mit einer ungewöhnlich hohen Mitgliederanzahl (normalerweise misst eine Rockband vier oder fünf, maximal sechs Mitglieder) auf Fotos wie dem hier abgedruckten an die Öffentlichkeit treten, muss diese das Konzept ‚Band' nochmal mit neuen Augen sehen lernen. In diesem Jahr veröffentlicht das 1995 gegründete Nonett sein Debütalbum, das 2000 als erste Veröffentlichung des Independent-Labels Roadrunner Records mit Platinstatus ausgezeichnet wird. Nach einigen Jahren im recht isolierten Untergrund ihrer Heimatstadt Des Moines, mitten im Mittleren Westen der USA, entwickeln sie sich innerhalb weniger Monate zu einer der populärsten Metalbands der Welt, auch dank ihrer Teilnahme an der renommierten Tour *Ozzfest*. Überregional ist damals außer ihrer Herkunft und den Vornamen der Mitglieder kaum Biografisches bekannt, die Masken stehen als Sinnbild für diesen Zustand. Sich zu maskieren ist im Genre ‚Nu Metal', dem sie damals zugerechnet werden, zwar keine absolute Neuheit: Limp-Bizkit-Gitarrist Wes Borland setzt bei Auftritten auf Bodypainting, Coal Chamber und Orgy beziehen sich auf Glam, und mit Mushroomhead veröffentlicht bereits 1995 eine Band ihr Debüt, die in Masken und uniform gekleidet auftritt. Dennoch gibt es keinesfalls eine Verpflichtung auf Masken innerhalb des Genres, ganz zu schweigen von einem Code, der die Bedeutung der Masken regelt. Die Bedeutung lässt sich über diesen Kontext also nicht auflösen.

Ein anderer Weg führt über den Kontext des Warenkreislaufs, der vor allem den offensichtlich professionell, industriell gefertigten Masken anzusehen ist. Die Masken- und Slipknot-Communities haben im Internet längst aufgeschlüsselt, welche Maske auf welches kommerzielle Modell aufsetzt. Sogar dann, wenn diese nur als Dummy genutzt, stark modifiziert und so von ihrer ursprünglichen Referenz befreit wurde. Teils liegt auch in der Verfremdung selbst schon ein Bruch; so etwa in der Maske von Perkussionist Chris Fehn, die mit ihrer langen Nase an die Kinderbuchfigur Pinocchio erinnert. Tatsächlich handelt es sich hier um (mindestens) zwei kombinierte Masken, markiert durch deutlich sichtbare Nieten und Nähte. Die bereits dem Namen nach auf Pinocchio, dessen Nase durch Lügen wächst, anspielende *Liar Mask* des Herstellers Distortions Unlimited ist verbunden mit einer schwarzen Latex-Isolationsmaske. Diese entstammt eher dem Bereich sexueller Fetische, was eine per Reißverschluss verschließbare Mundöffnung noch betont. Hier muss die sexuell-konnotierte Maske nicht erst auf einem Spielplatz erscheinen, um eine Reibung zwischen Kind und Kink zu erzeugen. Die Maske selbst beinhaltet diesen Bruch, der zudem noch an eine lange Tradition anzüglicher Pinocchio-Witze anschließt.

Ästhetik und Materialien sexueller Fetischmasken finden sich auch bei weiteren Exemplaren; viele der Gesichtsmasken sind mit Lederbändern am Kopf befestigt, die Narrenmaske ist ebenfalls um einen Reißverschluss ergänzt. Bei der zusammengeflickten, reflektierenden Maske handelt es sich um eine *Leather Devil Mask* der Marke 665, die ebenfalls dem Kink-Bereich entnommen ist. Andere Ursprünge sind weniger pikant, teils auch getilgt und so nicht mehr signifikant. Dass die graue Maske Corey Taylors, die ein fahles, eingefallenes, ausdrucksloses Gesicht darstellt, eigentlich eine grinsende Geistermaske ist, wird in der Inszenierung der Band etwa nicht aktiviert. Sowieso stehen auch im Warenkreislauf recht klar codierte Masken hier in einem anderen Kontext und beziehen sich nur noch teilweise auf allgemeinere Typen wie Clown, Narr oder Schwein. Ähnlich verweisen auch Gasmaske und Schutzhelm noch auf ihr ursprüngliches Tätigkeitsfeld, ihre durchbrochene Funktionalität belegt aber zugleich, dass sie aus dem Warenkreislauf entlassen sind und eine neue Rolle spielen.

So eröffnen die Masken auch freiere Assoziationen: Die lange Nase zitiert Pinocchio und erinnert zugleich an jene Maske, die Alex DeLarge während des Überfalls auf die Alexanders in Stanley Kubricks Verfilmung von *A Clockwork Orange* (1971) trägt. Die Stäbe im Schutzhelm erinnern an den sprechend benannten Zenobiten Pinhead (also: Nadelkopf) aus der *Hellraiser*-Reihe (1987-2018), die Streben vor dem Mund der *Leather Devil Mask* an Hannibal Lecter in *The Silence Of The Lambs* (1991). Diese Referenzen werden auch zeitgenössisch erkannt, benannt und mit der Musik enggeführt, mithin als Komponenten eines ästhetischen Programms interpretiert. In den Rezensionen zum Debüt sind die Masken, ebenso wie die hohe Anzahl an Bandmitgliedern stets Thema. Michael Schuh schließt seine Besprechung etwa mit einer

Stillektüre, die Slipknot in ein (zeitgenössisches) Schock-rock-Paradigma rückt und an dessen Spitze platziert: „Auch optisch überzeugt diese Horde Spinner, deren beängstigen[d]es Maskenoutfit den Vorzeige-Schocker Marilyn Manson glatt ins Vorabendprogramm zurück-stuft. Einen ähnlichen Antrag auf Einlieferung in die Geschlossene stellten einst die Hip Hopper von der Insane Clown Posse, deren Krankheitsbild von Slipknot aber mal locker getoppt wird" (Schuh 1999).

Ingo Neumayer schreibt derweil im Alternative-Rock-Magazin *Visions* unter Bezug auf den Stand im Nu Metal: „Uarrgh! Hier ist er, der nächste, und (wie immer) einzig wahre Psycho Circus. [...] So oder zumindest so ähnlich wollen und sollen Slipknot rüberkommen: Wir wollen alles, oder zumindest mehr als alle anderen. Mehr Band-mitglieder: nämlich neun. Mehr Image: Wir tragen freakige Clown-, Hannibal Lector- [sic!] und Gasmasken und Irrenanstalt-Overalls" (Neumayer 1999). Matthias Weckmann führt Klang- und Erscheinungsbild derweil im *Metal Hammer* besonders eng: „In ihren Masken eine verfickte [...] Mischung aus Freddy Krüger [sic!], Stephen Kings ‚Es' und Pinocchio darstellend, dreschen Slipknot auf ihre Instrumente ein, als ob es kein Morgen gäbe" (Weckmann 1999a).

Entscheidend ist zunächst, dass die anvisierte Metal-Stilgemeinschaft hier Referenzen erkennt und sinn-stiftend einsetzen kann. Zur Aufführung der Maske (B) gehört nicht nur Subjekt (A), sondern auch die restliche Inszenierung (Overalls, Musik) und ein Publikum, das sich mit Weihe als (C) in obige Gleichung integrieren ließe und den Verweis auf (X) beglaubigt. Das sich hier öffnende Horror-Paradigma weist eine Nähe zum Metal-Stilverbund auf, die sich auch in späteren Sound-track-Beteiligungen Slipknots manifestiert (*Freddy vs. Jason, Resident Evil, Scream 3*; vgl. auch Krautkrämer/

Petri 2011). Die Verbindung legt auch der von der Soziologin Deena Weinstein benannte Heavy-Metal-Code nahe: „What is depicted must be somewhat ominous, threatening, and unsettling, suggesting chaos and bordering on the grotesque" (Weinstein 2000, S. 29).

In diesem Rahmen lassen sich Slipknot verorten, doch sie markieren, wie auch die Rezensionen belegen, einen Extrempunkt, der sich nicht ganz über Verweise und Assoziationen auflösen lässt. Nicht nur im (Genre-)Kontext der Inszenierung, sondern auch im Abgleich mit den anderen, sich gegenseitig semantisierenden Masken innerhalb des Band-Systems (vgl. Lévi-Strauss 1977, S. 131–132), ergeben sich mehr Fragen als Antworten. Idealtypisch ergänzen sich die Masken wie in der italienischen Theaterform Commedia Dell'Arte, in der jede Maske eine bestimmte Rolle besetzt und in der alle Masken sich klar in einer Welt, einer Geschichte bewegen. Solche Beispiele gibt es auch in der Pop-Musik, etwa die Hardrock-Band Gwar. Die Mitglieder treten vollkostümiert als Alien-Krieger*innen-Bande auf, um die herum eine ganze Mythologie gebaut ist. Auch die Slipknot-Mitglieder sind über ihre Masken verbunden; weil diese so heterogen verweisen, bleibt der gemeinsame Code aber sehr fragmentarisch.

Dazu passt, dass sich die hier aus Rezensionen gesammelten Lektüren eher tastend der Ikonografie der Band nähern, über Abstraktionen (Wahnsinn) oder Assoziationen (Horrorfiguren). Statt jede Referenz einzeln aufzuschlüsseln, öffnen die Rezensenten ebenfalls nur ein Paradigma. Dies kann auch Platzgründe haben, auffallend ist jedoch, dass Weckmann mit Freddy Krueger eine Figur aufführt, die in der Band gar nicht präsent ist; als klares Markenzeichen fehlen zumindest der rot-grün-gestreifte Pullover und der Klingenhandschuh des Serienmörders. Weckmanns Referenz scheint weniger einem konkreten ikonischen Verweis als einer Assoziation aufgrund der Texturen mancher Masken zu folgen. Zu denken ist vor allem an Taylors fahle Maske, ebenso aber an die zusammengeflickt wirkenden Exemplare. In diesen Fällen erinnern die Texturen an Verfall und, in einem weiteren Sinn, zerfasernde, zerrissene Identitäten.

Eine (scheinbare) Referenzlosigkeit und damit direkte Wirkung der Textur zeichnet am deutlichsten die weiße, von Gesichtszügen befreite Maske Joey Jordisons aus. Besonders tritt hier auch die Regungslosigkeit der Maske im Gegensatz zum lebendigen Körper hervor, ebenfalls eine Art Bruch mit dem Kontext. Diese Ambivalenz zwischen beseeltem und unbeseeltem Körper taucht in Sigmund Freuds Motivik des Unheimlichen auf, neben Beispielen wie dem Doppelgängermotiv oder generell der Wiederholung des Gleichartigen, aber nicht Identischen. Diese für das Unheimliche typischen Phänomene sind ebenfalls für das ästhetische Programm Slipknots maßgeblich (vgl. Freud 1919, S. 303–312). Den anvisierten Effekt der Band beschreibt jedoch am besten die Herleitung des Unheimlichen aus der Ambivalenz des Heimlichen selbst: Einerseits meint der Begriff das Heimelige, Vertraute, andererseits das Heimliche, Verborgene. Das Unheimliche selbst ist also im Heimlichen bereits angelegt (ebd., S. 301–303). Mit genau dieser Ambivalenz zwischen Vertrautem und Abweichung, sowie der Unklarheit über den Status des Gesichts dahinter, spielen Slipknot: Was rein formal an Schklowskis harmloses Kunstverständnis erinnert, demzufolge wir dank Verfremdung sehen statt bloß wiedererkennen sollen, zielt hier stärker auf Affekt und wird so zu einem Mittel des Horrors. Deutlich realisiert diesen Effekt Crahans Clownsmaske, auf der Fotografie noch intakt, doch durch den Kontext bereits semantisch aufgebrochen.

Weckmanns Assoziation mit *Es* liegt dann auch weniger ein direktes Zitat als der Verweis auf eine typische Horrorfilmfigur zugrunde: Der Clown, ein Normbrecher, der in der Manege lustig, außerhalb jedoch primär gefährlich ist (vgl. Augustin 2018, S. 101–102). Angesiedelt zwischen „Horror und Heiterkeit" (Dery 2016, S. 150), eignet er sich besonders für Freudsche Kippmomente und doppelt damit motivisch den Effekt der Maske an sich. Alle Mitglieder ziehen ihren Horror aus solchen Brüchen: pervertierte Figuren der Fröhlichkeit und Unschuld (Pinocchio, Narr, Clown), Chimären (Schweinemensch), robotische, untote Wesen (Gasmaske, Schutzhelm), leidlich zusammengeflickte Gesichter (Thomsons Ledermaske, Taylors grauer Sack), teils gespenstisch, ohne individuelle Züge (Taylor, Jordisons weiße Maske). Sie sind allesamt Monster, die mit dem Inventar des Horrorfilms (Pinhead, Horrorclown, Zombie) spielen.

(Fast) alle Slipknot-Masken erfüllen jedoch auch, was Fernand Jung und Georg Seeßlen in ihrem Kompendium zum Horrorfilm festhalten: „Die Maske des Halbwesens im Horrorfilm entspricht einer fast karikaturhaften Übertreibung bestimmter ausdrucksstarker Teile der Physiognomie, oder sie markier[t] die Zerstörung einer ehedem ‚ganzen' Physiognomie" (Jung/Seeßlen 2006, S. 80). Dieser Fokus auf das Monster entfaltet seine ambivalente Wirkung erst zusammen mit Eckhard Pabsts strukturalistischer Definition des Horrorfilms. Pabst sieht das Monster, das seinen Raum der Nicht-Normalität in Richtung Normalität überschreitet, als genre-konstituierende Größe, wobei das Monster „die Konkretisierung des Monströsen, d.h. der Abweichung von der Norm" (Pabst 2010, S. 6) darstellt.

Hebdige hat den Verstoß gegen die Norm und daran anschließend die Ausgrenzung aus dem Raum der Norm als typisch für das Verhältnis von Subkultur und

Macht beschrieben (Hebdige 1983, S. 82–83; 87–91). Das Monster in einem solchen, gesellschaftlichen Sinn metaphorisch zu lesen, bieten viele Horrorfilme an. Da Slipknot nun die Ikonografie des Horrorfilms mit alltäglichen Räumen und Verweisen auf die Arbeits- und Warenwelt kreuzen (Overall, Barcode), aktivieren sie beide Dimensionen des Monsters. Auch die Zeichen sexueller Devianz schließen an diese Inszenierung von Abweichung und Regelverletzung an. Slipknot bieten damit den Schockeffekt und die eher implizite Lesart des Monsters als Maskottchen der Andersartigkeit zugleich an. Unproblematisch ist dieses doppelte Angebot nicht: Es bringt die verschiedenen Sphären zwar in eine Bildwelt, kappt aber den Verweis auf das Gesicht des Stars. Damit fehlt nicht nur das zentrale Zeichen der Pop-Musik, sondern mit ihm auch das Versprechen, dass diese Inszenierung eine Entsprechung und damit Relevanz in der Welt hat. Führen uns diese Masken nun in eine lediglich zeichenhafte Welt, bieten Slipknot, wenn schon kein Theater, dann zumindest eine Geisterbahn, aus der wir am Ende hinaus in den Alltag treten, ohne, dass sich eine Wechselwirkung ergibt?

Wer spricht durch die Maske?

Selbst wenn einige Referenzstränge nun nachvollzogen sind, ist die in der Einleitung formulierte Frage nach der Auswirkung der Maske auf die konstitutive Unentschiedenheit zwischen Rolle und Person in diesem konkreten Beispiel noch immer unklar. Ein alter, hermeneutischer Kniff in einer solchen verfahrenen Situation wäre nun, einfach die Verantwortlichen zu fragen, was sie sich dabei gedacht haben. Im Pop-Journalismus ist das gängige Praxis, und so gibt es etliche

Interviews, die das Thema anschneiden. Im intermedialen Pop-Musik-Geflecht sind solche Aussagen entscheidend an der Bedeutungsproduktion beteiligt, ich möchte ihre Rolle im Diskurs also als eine Art Lektüreschlüssel für die rätselhaften Masken begreifen. Zugleich bringen diese Interviews die Subjekte ins Spiel, die sich da maskieren und somit Teil der oben entworfenen Formel ‚(A) setzt (B) auf und repräsentiert (X) für (C)' sind, bislang aber keine Rolle gespielt haben.

Slipknot haben ihre Masken schon früh und sogar unabhängig von externen Nachfragen kommentiert. Auf der kurz nach dem Debütalbum veröffentlichten Video-Kassette *Welcome To Our Neighborhood* (1999) zeigt das Nonett nicht nur drei Musikvideos, sondern auch Interviewsegmente, in denen sich die Mitglieder pointiert zu einem zuvor eingeblendeten Thema äußern; passend zum Titel führen Slipknot so in ihre Welt ein. Das erste Segment trägt den Titel „On Wearing Masks" und umfasst drei Antworten.

> Joey Jordison: „The best way for us to portray the music is not being about where we came from. It's about being about the music we wanna do."
> Sid Wilson: „I don't think very properly when I get it on".
> Corey Taylor: „In the beginning it was kind of a cool idea and after a while it just developed into: ‚Let's let the music speak for itself and let's ... let people see what the music does to us inside'" (Slipknot 2003, 4:51–5:22).

Hier eröffnen sich einige Lesarten, die von den rein am Gegenstand orientierten Maskenlektüren abweichen und den alltagsweltlichen Bezug weiter stärken: Die Masken repräsentieren die Musik der Band ebenso wie die inneren Zustände der Mitglieder und leiten eine Transformation ein. In diese Richtung gehen auch einige Zitate Chris

Fehns, die Matthias Weckmann in einen weiteren Text über Slipknot für den *Metal Hammer* integriert. Auch hier spielen Erscheinung und Image der Band eine wichtige Rolle; so rahmt Weckmann seinen Text bereits mit mehreren Anspielungen auf die Nummerierung der Mitglieder (Überschrift: „Alle Neune"; Eröffnung: „Willkommen zur Ziehung der New-Metal-Lotto-Zahlen"; unterzeichnet mit: „Matthias ‚007' Weckmann"; Weckmann 1999b, S. 40–41). Der Text nimmt Slipknot ernst, wendet mit Fehn sogar ein, dass es sich bei den individuell entworfenen Masken gerade nicht um einen „simple[n] Promo-Gag" handelt, sondern dass sie „tiefere Bedeutung" haben: „Wir basteln da oft dran herum. Die Masken entstehen zum größeren Teil in Eigenproduktion und enthüllen mehr von unseren Persönlichkeiten als sie verdecken." Hier passiert gleich mehreres: Die Maske wird zu einem Ausdruck eigener Kreativität erklärt, die Gleichzeitigkeit von Ent- und Verhüllung behauptet und als Referenzpunkt der Maske das Subjekt selbst angeführt. Dazu fast im Widerspruch scheint eine Aussage, die sich auf das transformierende Potenzial bezieht: „Wenn wir sie aufsetzen, wandelt sich unser Charakter." Und weiter geht noch ein drittes Zitat, das schon in sich widersprüchlich scheint: „Die Masken und Zahlen zeigen, daß es bei dieser Band nicht auf Namen und Gesichter ankommt, sondern einzig auf die Musik, und die muß brutal, krank und heavy sein – wie auch die Bandmitglieder" (alle ebd.). Namen und Gesichter, mithin Marker von Identität, werden hier als Gegenstände der Kunst ausgeschlossen; im Zentrum soll, quasi von Gossip befreite, reine Kunst, die Musik stehen, in der sich aber dennoch die Mitglieder ausdrücken.

Was widersprüchlich scheint, lässt sich, der Ambivalenz der Maske selbst folgend, auch als dialektisch begreifen. Dazu braucht es einen genaueren Blick auf die theoretische Verfasstheit des Subjekts (A) in der Pop-Musik. Bezeichnet habe ich dieses bislang mit verschiedenen, auch im wissenschaftlichen Diskurs kursierenden Begriffen, etwa ‚Star‘, ‚Musiker*in‘ oder ‚Persona‘. All diese Begriffe sind fachlich gefärbt, legen das Subjekt auf eine bestimmte Perspektive fest. Im Sinne der konstitutiven Spielregel der Pop-Musik möchte ich diese Subjekte möglichst weit mit dem Begriff ‚Persona‘ fassen, und zwar den Ausführungen des Musikwissen-schaftlers Allan F. Moore folgend (die wiederum an Philipp Auslander und Simon Frith anschließen; vgl. Auslander 2016; Frith 2002; Moore 2012, S. 180–181). In dieser Tradition ist die *performance persona* zwischen den Bezeichnungen *real person* und *character* eingeklemmt. Moores These, diese drei Größen seien zwar nicht immer evident, aber stets durch Analyse zu trennen, widerspreche ich; gerade, weil sie schon an Moores eigenem Paradebei-spiel David Bowie leicht zu widerlegen ist (vgl. Moore 2012, S. 181). Der Begriff ‚Persona‘ eignet sich für mein Projekt grundsätzlich, weil er auf einer textuellen Ebene agiert und somit alle Pop-Musik-Subjekte erfasst, nicht nur solche, die sich durch Popularität oder technische Fertigkeiten für die Kategorien ‚Star‘ oder ‚Musiker*in‘ qualifizieren. Vor allem spiegeln sich in den drei Begriffen Diederichsens Größen ‚Rolle‘ (*character*) und ‚Person‘ (*real person*), erweitert jedoch um einen Begriff für das ambivalente Subjekt, das sich unter den Konditionen der Spielregel ergibt: die ‚Persona‘. Doch wie verhalten sich diese Größen zueinander?

Pop-Musik braucht immer Personen und ihre Körper, ebenso wie mal mehr, mal weniger definierte Rollen, die diese Personen verkörpern. Spielt Madonna Eva Perón, bekleidet sie eine Rolle in einem Spielfilm (*Evita*); rappt Eminem aus der Perspektive seines fiktiven Fans Stan, spielt er eine (selbstgeschriebene) Rolle (*Stan*). Selbst wenn es in beiden Fällen zu Wechselwirkungen zwischen Rolle und Person kommt, gibt es zumindest eine klar definierte, fiktionstheoretisch abgesicherte Rolle. Dagegen offenbart sich in Krankheiten, Sucht und vor allem den „wiederkehrenden großen Todesfälle[n]" (Diederichsen 2014a, S. 135) radikal die Person, der poröse Körper. Nicht nur irgendwo dazwischen konstituiert sich nun die Persona; viel eher speisen beide Größen die Persona, die sich in Posen immer wieder hervorbringt, „durch eine stilisierte Wiederholung von Akten" (Butler 2002, S. 302), wie es Judith Butler für die Produktion von Identität definiert. Diese Posen finden in Songs, in Musikvideos, aber auch in Instagram-Stories, auf roten Teppichen und in Klatschspalten, kurz: auf „medialen Bühnen" (Schulze 2013) statt.

Gemeinsam ergeben all diese Posen eine „Medienbiographie" (Jost 2012, S. 111), die keine klar geordnete Reihe von Ereignissen, sondern chaotisch über verschiedenste Medien verteilt ist, erzeugt von verschiedenen Akteur*innen (vgl. Petras 2011, S. 37–39). Dazu gehören ausdrücklich auch Fans, die Clips auf Videoportalen hochladen, Kommentare abgeben, Kaufentscheidungen treffen und so gemeinsam mit der Produktion im engeren Sinn eine Feedbackschleife erzeugen (vgl. Baßler 2019, S. 36; Fischer-Lichte 2004, S. 329–330). Gerade weil hier alles so durcheinander geht, es ein Überangebot gibt, braucht es das Gesicht, das Ordnung stiftet und auf das klare Subjekt dieser Medienbiografie verweist: die Persona. Die ist eingeklemmt zwischen Rolle und Person, zwischen Innen und Außen – wie die Maske. Ob dieses Verhältnis als Trennung (wie bei Moore) oder als Verbindung begriffen wird, ist seit Jahrhunderten eine Streitfrage rund um die Maske als Gegenstand und Metapher (vgl. Weihe 2004, S. 360). Weihe verfolgt diese Frage zurück zur Etymologie der Form ‚Maske', zu drei Begriffen und drei Konzepten, von denen nur *mashara*, die Wurzel des heutigen Begriffs ‚Maske‘, die bezeichnete Form als scharfe Trennung begreift.

Dass neben dem altgriechischen *prósopon* (Maske und Gesicht), auch das lateinische *persona* (Maske/Rolle und Person) mit ambivalenter Bedeutung für die Paradoxie der Maske steht, ist nun keinesfalls der Fluchtpunkt meines Plädoyers für den Begriff ‚Persona‘. Die etymologische Notiz deutet jedoch bereits an, dass sich Maske und Persona strukturell ähneln. Das belegt erneut den Reiz der Maske als Pop-Metapher, zu denken ist auch an den bereits kritisierten Eintrag im *Lexikon der Filmbegriffe*. Wenn die Maske nun aber als Gegenstand in die Pop-Musik-Inszenierung tritt, bildet sie das triadische Verhältnis zwischen Rolle, Persona und Person ab und macht es ästhetisch formbar. Statt eine Rolle (X) zu symbolisieren, die über eine Person oder Persona (A) gestülpt wird, konstituiert die Maske die Persona in der stilisierten Wiederholung von Akten permanent mit. Und verweist zugleich darauf, dass hier gerade Identität produziert wird (vgl. Pollock 1995, S. 593).

Von innen nach außen

Ein erneuter Blick auf die Masken der Band mit Hilfe von Fehns Lektüreschlüssel, zeigt (X) in der Tat als Variable: als schockierendes, spektakuläres Show-Element ebenso wie als Zeichen alltagsweltlicher Abweichung. Als eigentlich starre Identität, die sich im Lauf der Zeit dennoch verändert („Wir basteln da oft dran herum") und sowieso eher notdürftig zusammengeflickt ist. Als Aufführung einer Rolle („wandelt sich unser Charakter") und Ausdruck einer Person („enthüllen mehr von unseren Persönlichkeiten als sie verdecken"). Genau dieser Gedanke, mit lebensweltlichem Ernst Theater spielen zu wollen und mit der Maske noch auf diese Paradoxie zu verweisen, ist die Provokation an Slipknot. Und das, obwohl die Schwebe zwischen diesen beiden Gegensätzen mit Diederichsen ja eigentlich gerade die treibende Kraft der Pop-Musik ist (vgl. Diederichsen 2014a, S. 137). Ist die Schwebe in der Regel jedoch diskret und implizit, erzeugen Slipknot den Zustand, indem sie beide Gegensätze maximal bedienen und in einem prägnanten, übercodierten Zeichen ineinander verweben.

Zugleich schließt der Verweis auf Uneigentlichkeit an zeitgenössische Debatten um das Konzept ‚Authentizität' an, das im von Diederichsen beschriebenen Spiel auf der Seite von Person, Expressivität und damit auch Gesicht steht. Die Maske steht hingegen neben Rolle, Performance und damit Theater auf der anderen Seite. Erneut stellt sich unsere Ausgangsfrage: Wieso denotiert die Maske nicht einfach Uneigentlichkeit, wieso sind Slipknot kein Musical? Entscheidend sind hier erneut die wilden Verweisrichtungen der Maske, nach außen, auf sich selbst, nach innen, mit den paradoxen Effekten dieser Gleichzeitigkeit, die wiederum die Rezeption zu neuen Verknüpfungen animieren. Der Verweis nach außen, auf Monster und Halbwesen, erfüllt den Heavy-Metal-Code, zugleich verweist dieses Motiv nach innen, leitet damit die metaphorische Rückübersetzung der Abweichung in einen Alltag bereits im Bild selbst an.

Dazu gehört, dass der Verweis nach ganz innen, also nicht zum Gesicht, sondern auf innere Zustände zielt, deren Ausdruck wir gewöhnlich auf dem Gesicht erwarten. In der Maske drückt sich zunächst ganz Kunstkonform expressiv das Subjekt aus; wie von Fehn und Taylor betont, analog zur Musik. Dort finden sich das Chaos ebenso wie monströse Schreie, lyrische und klangliche Ausdrücke von Versehrungen wieder. Die Lyrics sind nicht fantastisch, sondern, wenn nicht im Alltag, so zumindest in einer Realwelt angesiedelt. Die Masken drücken, möglichst äquivalent zur Musik, Emotionen aus, doch sie sind nicht nur abstraktes Ergebnis eines Ausdrucks. Sie werden ja wiederum performt und transformieren die Persona in den bereits einmal ausgedrückten und nun erneut auszudrückenden Zustand, den das Gesicht offenbar nicht adäquat abbilden kann.

Das scheint kontraintuitiv, passt jedoch zu Fehns Aussage, es solle bei Slipknot nicht um Namen oder Gesichter gehen – es ließe sich auch sagen, nicht um oberflächliche Zeichen einer Person. Diese Rhetorik wiederholt sich immer wieder bei Slipknot, so führt Taylor etwa 20 Jahre später in einem BBC-Feature aus:

> „When we looked around the metal scene was just a bunch of pretty people with spiky hair and shiny clothes and we were like: ‚What is this?‘ Our whole mentality was: ‚Okay, you want cheekbones, you want pretty people? Here's a mask. […] You want my name? Screw you, here's my number. Here's my barcode. For what music was at the time, it was a commodity. It was us basically telling the entire world: ‚Screw you. We're bringing it back to what it was. Or what it should have been‘" (Coleman 2020, TC 26:57–27:31).

Dass es paradox anmutet, durch eine besonders auffällige Oberfläche weniger oberflächlich wahrgenommen werden zu wollen, reflektieren bereits frühe Rezensionen. Die Argumentation erschließt sich aber, wenn man auf die Entwicklung der Inszenierung von Authentizität innerhalb der Kultur des 20. Jahrhundert und speziell der Pop-Musik blickt. Die klassische Codierung des Gesichts mit Authentizität/Wahrheit und der Maske mit Theater/Lüge wird dabei, wie in Taylors Argumentation angedeutet, umgekehrt: Das hübsche Gesicht ist nun als Ware entfremdet, während Slipknot mit ihren Masken diesen Prozess nicht nur verweigern, sondern vor allem auf die eigene Inszenierung, den eigenen Warencharakter verweisen, gegen den Slipknot ihr Genre nun in einen Idealzustand („what it should have been") führen wollen. Diese Umkehr der Codierung ist Teil eines Diskurses, der die klassische Rock-Ideologie flacher Repräsentationsverhältnisse anzweifelt.

Das Versprechen von Rock war bis in die 1970er hinein: Unmittelbarkeit, Körperlichkeit, Authentizität. Ermöglicht durch die indexikalische Aufzeichnung von Körpern und die Hoffnung, Fotografien und Tonaufnahmen könnten diese Körper nahezu ungefiltert wiedergeben. Wie wir gesehen haben, ist dies stets nur eine Seite des Spannungsverhältnisses, das Pop-Musik in Bewegung hält. Nicht nur gibt es stets auch die Inszenierung, den Businessplan (vgl. Butler 2019, S. 272), das vermittelnde Medium; vielmehr sind beide Seiten meist so ineinander verstrickt, dass der „Eindruck von Authentizität" für die Performativitäts-Theoretikerin Erika Fischer-Lichte nur so denkbar ist: „als Ergebnis einer besonders sorgfältigen Inszenierung" (Fischer-Lichte 2004, S. 331).

Daraus ergibt sich ein prekäres Verhältnis, besonders für jene der Rockmusik nahestehenden Stile der Pop-Musik, die ihre Authentizität stark an Unmittelbarkeitsversprechen koppeln und daher besonders anfällig für Enthüllungen sind. So hält Auslander besonders für „rock authenticity" (Auslander 2008, S. 82) fest, dass es sich hier um einen Wert handelt, dessen Inszenierung ständig verändert, angepasst, rekalibriert werden muss. Authentizität ist ein abstraktes Ideal, dessen konkrete Interpretation der „stilisierten Wiederholung von Akten" obliegt; gerade in der Wiederholung verschleißen diese Codes jedoch, offenbaren sich als künstlich und damit nicht-authentisch.

Deutlich wird dies, betrachtet man die Parameter, die der Musikologe Ralf von Appen für die Inszenierung von Authentizität benennt: Integrität einer Szene gegenüber, Übereinstimmung zwischen behauptetem und performtem Gefühl, Stabilität der Persona und handwerkliches Können (vgl. von Appen 2013, S. 42–46). Nicht nur die Gewichtung dieser Parameter, auch welcher Wert auf ihrer Skala als authentisch betrachtet wird, schwankt: Ist im Prog-Rock Virtuosentum gefragt, überzeugt im Punk-Rock gerade der unsaubere, impulsive Ton. Diese Bewegungen reagieren aufeinander, laufen mithin parallel; grundlegend stabilisiert sich Rockmusik zudem durch die Abgrenzung von (imaginierten) Größen wie allgemein ‚Mainstream‘, situativer ‚Disco‘ oder eben ‚Pop‘ (vgl. Marshall 2006, S. 504; Frith 2007, S. 82). Diese letztlich austauschbaren, ausgedachten Strohgrößen stehen immer auf Seite des ‚Nicht-Authentischen‘ und legen damit fest, was Rock nicht ‚ist‘ und gar nicht sein darf, oft mit implizit identitätspolitischer Note.

So verfahren auch Slipknot mit ihrer Abgrenzung vom Paradigma ‚pretty people – spiky hair – shiny clothes – cheekbones‘, was wohl auf den Hair Metal der 1980er Jahre anspielt und Mitte der 1990er Jahre, also nach Grunge, bei Slipknots Gründung bereits antiquiert wirkt. Slipknot grenzen sich jedenfalls doppelt ab: Sie löschen die Oberfläche und liefern stattdessen eine Expression aus ihrer Tiefe. Sie stehen zugleich aber auch zu ihrem Warencharakter, tragen Arbeitskleidung, zeichnen sich mit Barcodes aus und präsentieren falsche Gesichter, kehren also den ‚wahren‘ Charakter des Musikbusiness nach außen. Sie brechen damit auch das einfache Identifikationsangebot des netten Gesichts auf, machen stattdessen die Zeichen spürbar und ermöglichen so eine Authentizität zweiter Ordnung. Damit sind sie Teil der erwähnten Formation, die über Pop-Musik hinausreicht und der flachen Authentizität misstraut. Das führt nicht zu einem Abschied vom Ideal der Authentizität, stattdessen stellt sich die Frage neu, die Susanne Knaller diesem ohnehin zuschreibt: Wer inszeniert was für wen als authentisch und wer beglaubigt was aus welchen Gründen als authentisch (vgl. Knaller 2006, S. 32)?

Die Frage nach einer Authentizität zweiter Ordnung ist geprägt von Skepsis, gerade gegenüber indexikalischen Künsten, wie der Literaturwissenschaftler Helmut Lethen Mitte der 1990er festhält (vgl. Lethen 1996, S. 207–208). Die schreiende Uneigentlichkeit der Maske ist gerade eine Reaktion auf das Problem, wie Authentizität für ein skeptisches Publikum zu inszenieren ist, für das der „Back-stage-Realismus" (Diederichsen 2011, S. 112), das betont nahbare Abhängen subkultureller und damit als potenziell erreichbar inszenierter Figuren, keine Option mehr ist. Mithin ist es nun gerade das betont Künstliche, das als authentisch wahrgenommen wird (Lethen 1996, S. 227); eine Authentizität zweiter Ordnung eben, wie sie neben Diederichsen auch der Kulturwissenschaftler Thomas Düllo in Pop-Musik, etwa der New Wave zu Beginn der 1980er sieht. Wo keine ‚Unmittelbarkeit' mehr inszeniert werden kann, bleibt noch die Chance, eine „Als-Ob-Authentizität" (Düllo 2011, S. 445) zu basteln. Posen, die wissen, dass Originalität und Unmittelbarkeit unmöglich sind, aber immerhin die „eigene Nicht-Authentizität […] genießen" (Diederichsen 2014a, S. 137). Düllo benennt einige (ambivalente) Strategien, die bei allem Genuss der Nicht-Authentizität auch eine Sehnsucht nach der Authentizität ausdrücken und sie so in Collagen, Posen und Masken konservieren (vgl. Düllo 2011, S. 455).

Slipknot überbieten diese Strategien, indem sie sich tat-sächlich maskieren. Dadurch weisen sie sich jedoch nicht nur offen als künstliche ‚Produkte' mit Barcode aus. Ähn-lich wie Del Reys Maske verweisen auch Slipknots Masken in eine Tiefe, inszenieren ein Dahinter; hier ist diese Tiefe aber nicht das Gesicht, sondern direkt ein Innenleben, und das nicht nur metaphorisch. In den zusammengeflickten, vernarbten Masken des Debüts deutet sich bereits das Innere der Körper an. Später wird das noch gesteigert, vor allem von Crahans zweiter Clownsmaske, die eine offene Schädeldecke nachbildet. Crahan spielt auch mit dieser Nachbildung, puhlt etwa im Musikvideo zu *Left Behind* darin. Das zahlt einerseits auf die Horror-Ästhetik der Band ein, durch die Masken und ihre illusorische Kraft tritt aber auch zu Tage, was Michail Bachtin als „groteske[n] Leib" bezeichnet: „Das Groteske hat es [...] mit herausquellenden Augen zu tun: wie mit allem, was aus dem Körper herausragt oder herausstrebt, was die Grenzen des Leibes überschreiten will" (Bachtin 1990, S. 16). Von der Gesellschaft begrenzt, ist der groteske Leib eigentlich ein Körper im Werden, der jedoch nur in hierfür reservierten Bereichen zu Tage treten darf. Die offenen, verwelkenden Masken der Band, aber auch herausragende Körperteile wie etwa Fehns Nase entsprechen dieser Ikonografie und deuten auf die vor allem live aufgeführten „Akte des Körper-Dramas" (ebd., S. 17).

Die Masken spielen dabei erneut eine doppelte Rolle: Sie inszenieren den grotesken Leib, verhüllen ihn aber auch. Bei diesem statischen Verhältnis bleibt es nicht, entscheidend ist die performative Dimension, und hier helfen Fischer-Lichtes Begriffe „phänomenaler Leib" und „semiotischer Körper" (Fischer-Lichte 2012, S. 11) gemeinsam mit einem Hinweis Weihes: „Wo Verstellung wahrgenommen werden kann, verweist sie auf das Unverstellte" (Weihe 2004, S. 360). Fischer-Lichtes Terminologie bezieht sich eigentlich auf Aufführungen, bei denen Performende und Publikum zugleich leiblich anwesend sind. Ich übertrage die beiden Begriffe aber mit aller Vorsicht auch auf die indexikalisch-vermittelten Körper der

Pop-Musik. Schließlich interagieren auch hier codierte Elemente wie Kostüm, aber auch Alter oder Hautfarbe (semiotischer Körper) und die inszenierte Präsenz des konkreten Körpers (phänomenaler Leib).

Die Maske kann nun, wie gezeigt, als Teil des semiotischen Körpers Bilder des grotesken Leibs vermitteln. Vor allem verweist sie jedoch als Negativfolie (hier zusammen mit Barcodes, Overalls, Nummern) auf den phänomenalen Leib, der bei Slipknot immer wieder hervorbricht, Bachtin-konform in hierfür reservierten (Zeit-)Räumen. Daher greift die Ethnologin Karen Bettez Halnon mit dem Begriff „Heavy Metal Carnival" (Halnon 2006) auf Bachtins Vokabular zurück, um die Performance normverletzender und verkleideter Bands um die Jahrtausendwende zu bezeichnen; darunter auch Slipknot. Als identitätsstiftende Elemente macht Halnon innerhalb der um diese Bands gruppierten Stilgemeinschaften vor allem Widerstand gegen die kommerzielle Kultur und absolute, rigide Grenzüberschreitung aus, beides wechselseitig bedingt.

Idealtypisch ergibt sich dieser Karneval in einem Schwellenzustand (vgl. Turner 2005, S. 95), also etwa dem Konzert, der Aufführung – dies ist auch für Fischer-Lichte der typische Ort des phänomenalen Leibs, der Ort zudem, an dem die „Wiederverzauberung der Welt" (Fischer-Lichte 2004, S. 315) stattfindet. Der zuvor von Bild- und Tonaufnahmen versprochene Leib erscheint hier wirklich, bricht sogar zusätzlich durch den semiotischen Körper und verletzt mit dieser Grenze auch gesellschaftliche Normen: Slipknot prügeln und verletzen sich in ihrer Frühphase auf der Bühne, stecken sich in Brand und springen von Balustraden ins Publikum, urinieren aufeinander und erbrechen sich. Der liminale Zustand wird dabei durch die Masken betont; einerseits, weil der Konzertsaal durch die Außerkraftsetzung der Norm zum

Raum der Monster wird. Die Maske ist dann die Hypothese eines Anderen, dieses Andere ist jedoch das eigene, nicht-entfremdete Ich. Andererseits wirkt hier aber auch ganz basales, ethnologisch gefärbtes Maskenwissen: Die Maske leitet jene Transformation ein, die Fehn andeutet und die Wilson mit der Aussage, er könne unter der Maske nicht sonderlich gut denken, direkt an einen vordiskursiven Zustand koppelt. Dieser lässt sich auch mit dem Chaos der Musik vernetzen und wird von der Band in zahlreichen Dokumentationen mit assoziativen Montagen übersteuerter Live-Aufnahmen, Backstage-Aufnahmen und Reise-Impressionen reinszeniert.

Im 50-minütigen Zusammenschnitt *of the (sic): Your Nightmares, Our Dreams*, der Szenen aus der Zeit um das Debüt versammelt und zum 10. Geburtstag des Albums veröffentlicht wird, erbricht sich Sid Wilson gleich in der ersten Sequenz eine Minute lang, in der letzten Sequenz soll Shawn Crahan Milch einer schwangeren Kuh trinken („the placenta in a bottle"; Slipknot 2009, TC 48:08-48:10), was er nach längerer Diskussion auch tut. Im Gegenzug muss das ihn herausfordernde Crewmitglied jedoch Crahans Urin trinken – woraufhin sich das Crewmitglied übergibt. Zwischen diesen Sequenzen uriniert Wilson auf Fehn, Crahan und Taylor brennen auf der Bühne, ein verwundetes Bein wird ebenso gezeigt wie eine Parkplatzschlägerei, in die möglicherweise Mick Thomson involviert ist. Gewalt spielt bereits auf *Welcome To Our Neighborhood* eine Rolle: Gefragt nach den Liveshows, antwortet Crahan: „We've broken each others bones" (Slipknot 2003, TC 09:51–09:53). Danach läuft eine Montage von Handgreiflichkeiten zwischen ihm und Wilson auf der Bühne ab.

Dieses Verhalten, wie es zeitgleich etwa auch bei der Pop-Punk-Band Bloodhound Gang oder in der MTV-Show Jackass stattfindet, kann als infantil-regressiv oder befreiend bewertet werden. Slipknot laden ihre Ausscheidungen (vgl. auch Bachtin 1990, S. 17) jedoch massiv auf: Als Beweis ihrer Authentizität in der Nachfolge von Jesu Wunde, in die Thomas seinen Finger stecken darf, als Zeichen ihrer Regelverachtung, aber auch als Beweis ihres Arbeitsethos. Von Appen notiert hierzu: „Schweiß [...] lügt nicht, er signalisiert, dass die Musiker sich nicht schonen und unter vollem Körpereinsatz hart für ihr Publikum arbeiten [...]" (von Appen 2013, S. 54). Nun verdecken die Masken jene Gesichter, die wir, wie Auslander festhält, eigentlich gerne in ihrer Anstrengung sehen wollen (vgl. Auslander 2013, S. 25). Slipknot betonen jedoch nicht nur in Interviews die gesteigerte Schwierigkeit der Performance unter einer Maske. Sie produzieren unter der Maske ganz konkret deutlich mehr Schweiß, der dort konserviert und wiederum in *of the (sic)* inszeniert wird, als ein Crewmitglied den aus Crahans Maske gewaschenen Schmutz trinkt. Der Ekel ist hier nicht nur Showeffekt; er symbolisiert auch eine Hingabe, die es braucht, um diese schmutzigen Masken immer wieder aufzusetzen, sich den eigenen Ausscheidungen, emotional wie fäkal, auszusetzen. Die Masken markieren so auch einen außeralltäglichen Raum, in dem ein als entfremdet erlebter Alltag gegen authentische Erfahrung in der Kunst getauscht werden kann (vgl. Halnon 2006, S. 46). Erneut sind Uneigentlichkeit und Authentizität also ineinander verschlungen, maximal aufgedreht im Zeichen der Maske.

Kehren wir ein letztes Mal zurück zu diesem Bandfoto, dessen ikonologische Ausdeutung nur zum Teil zielführend war. Die Monster, auf die wir gestoßen sind, sollen nicht nur erschrecken. Sie verbildlichen auch zerrissene, leidende Individuen und Erfahrungen von Alterität. Theater und Authentizität, Oberfläche und Tiefe arbeiten parallel in diesen paradoxen Masken, die auf ihre

Das unbewegliche Gesicht: Coolness

Erneut möchte ich mit einer Lektüre beginnen, dieses Mal ist die Fotografie überschaubarer. Nur eine Maske blickt aus dem Bild, halb zu uns gedreht, den Kopf darunter leicht nach rechts geneigt (s. Abb. 3). Der Maskierte hockt in einem Gebüsch, trägt Jacke und Hose, die Tarnfarben zumindest zitieren, die Kapuze der Jacke ist über den Kopf gezogen. Über die Naht der Kapuze ragt die zwiebelförmige, das Tageslicht reflektierende Stirnplatte der bronzefarbenen Maske. Unter der Platte wölbt sich das Metall, umrandet das jeweilige Auge und zieht sich schließlich zwischen Mund und Wange in einer Geraden bis zum Kinn. Dort läuft die Maske nicht mehr zusammen, die beiden Geraden flankieren den Mund von rechts und links und lassen ihn ebenso wie die Augen großzügig frei.

Dass diese Maske Erinnerungen an einen antiken Kampfhelm weckt, hängt auch damit zusammen, dass sie einen der wohl populärsten Kampfhelme filmisch-fiktionalisierter

Abb. 3 MF Doom. Promomaterial für ein Konzert im Londoner Club The Arches, 2008

Antike modifiziert: Der von Russel Crowe dargestellte Maximus Decimus Meridius trägt diesen Helm in *Gladiator* (2000). Dem hier gezeigten Exemplar fehlen die Stacheln, die Farbe ist anders, doch der Maskierte erweckt ohnehin nicht den Eindruck eines Antike-Cosplayers. Es handelt sich um ein Foto des Rappers MF Doom aus den späten 2000er Jahren. Seine (zweite) Karriere beginnt er auf dem Debütalbum *Operation: Doomsday* (1999) noch mit einer anderen Maske, die in Zusammenhang mit seinem Künstlernamen auf eine andere popkulturelle Figur verweist: Doctor Doom, einen Bösewicht aus dem Inventar des Comicverlags Marvel, klassischer Gegenspieler der Superheldentruppe Fantastic Four.

MF Dooms erste Maske nutzt zwar einen Star-Wars-Merchandise-Artikel als Rohling, zitiert jedoch die Metallmaske Doctor Dooms. Deutlicher noch wird die Analogie auf dem Cover des Debütalbums mit einem Selbstporträt des Rappers im Comicstil. Dort kreuzen sich die Insignien des Marvel-Charakters (grüne Robe, Metallhandschuhe, Metallmaske) mit eher Rap-typischen Zeichen (Mikrofon, Hoodie statt Robe). Auch in Musikvideos, in denen MF Doom die Maske trägt, wird klar, dass diese sich zwar auf Doctor Doom als (X) bezieht, der Rapper die Comicfigur jedoch nicht performt. Das Musikvideo zu *?* (1999) ist zwar gerahmt von zwei Ausschnitten der Fantastic-Four-TV-Serie aus den 1960ern, zeigt MF Doom selbst aber dazwischen vor der New Yorker Skyline, im Sunset Park auf einer Bank, schachspielend, also mehr oder weniger alltäglich. Ähnlich mischen sich die Welten in den Samples auf dem Album, die aus zwei Quellen stammen: der Fantastic-Four-TV-Serie und dem frühen Hip-Hop-Film *Wild Style* (1982).

Es geht hier also um Momente der Interaktion, zwischen Comic und Rap, aber auch zwischen der Person (A) und der zitierten, fiktiven Figur (X), die später rein optisch ja auch ins fiktionalisierte antike Rom wechselt. Beide Größen werden verfremdet und treffen sich in einer Maske (B), deren Resonanzräume wiederum in der zitierten Comicwelt und der Biografie hinter der Maske liegen. Die Person hinter MF Doom, Daniel Dumile, tritt bereits Ende der 1980er Jahre als Rapper in Erscheinung, veröffentlicht ab 1991 unter dem Namen Zev Love X als Teil der Crew KMD, die er mit seinem Bruder Dingilizwe Dumile (DJ Subroc) betreibt, auf dem Major-Label Elektra. Das zweite Album *Black Bastards* nehmen sie als Duo auf, erscheinen wird es jedoch nicht über Elektra. Subroc stirbt im April 1993 an den Folgen eines Autounfalls; sein Bruder stellt das Album zwar fertig, doch zum Bruch mit dem Label kommt es (unter anderem) aufgrund des Covers, das eine erhängte Sambo-Figur, also eine Afroamerikaner*innen diffamierende Karikatur, zeigt. Die

Anspielung auf Lynchjustiz und die Kritik an rassistischen Entertainment-Traditionen, die sich auf dem Album fortsetzt, sind dem Label zu heikel, das Projekt wird eingefroren (vgl. Hess 2005, S. 305).

Zev Love X verschwindet daraufhin, Dumile gerät in Konflikt mit dem Gesetz und taucht erst in den späten 1990er Jahren bei New Yorker Open-Mic-Abenden wieder als Rapper auf. Sein Gesicht verhüllt er dabei zunächst mit wechselnden Materialien, bevor er gemeinsam mit dem Graffiti-Künstler Blake Lethem die Maske und Persona MF Doom kreiert (vgl. Frank151 2012). Die Referenz auf Doctor Doom identifiziert Dumile zunächst grundsätzlich mit der Funktion des *villain,* des Schurken; Doctor Doom eignet sich hierfür ob seines ikonischen Status im populären wie semiotischen Sinn. Auch näher betrachtet eröffnen sich zwischen Comicfigur und Rapper Bezüge: Beide gehören marginalisierten Gruppen an (Dumile ist Afroamerikaner, Doctor Doom ,gypsie‘), beide migrieren in die USA (Dumile aus Großbritannien, Doom aus dem fiktiven, zwischen Rumänien, Serbien und Ungarn liegenden Staat Latveria), beiden misslingt ein Experiment, das ihr Gesicht einmal tatsächlich, einmal metaphorisch brandmarkt, woraufhin sie sich zurückziehen und schließlich Rache schwören (Dumiles Bruch mit Elektra, Doctor Doom explodiert eine Maschine, die Kontakt mit den Toten ermöglichen soll).

Distanz und Empowerment

Letztere Lesart haben die Amerikanisten Mickey Hess und J. Jesse Ramírez in ihren jeweiligen Studien zu MF Doom herausgearbeitet, gedeckt durch die bereits erwähnte Durchdringung des Debütalbums mit Samples eines Rache-schwörenden Doctor Doom und des Sprayers

Quinones, der in *Wild Style* nicht gefilmt und so medial vereinnahmt werden möchte. Zusammen ergeben sie ein Narrativ, das nicht weit von den zeitgleich debütierenden Slipknot entfernt ist: Wer sein Gesicht medialisiert, verkauft sich. Die diffusen Racheschwüre Doctor Dooms erhalten so ein Ziel: eine rassistische Musik- industrie, die aus Hip-Hop Authentizität schürfen will, und Rapper*innen, die diesen Ausverkauf mitmachen (vgl. Hess 2005, S. 307–308; Ramírez 2021, S. 6–7). Doom operiert damit ebenfalls dialektisch im Feld der Authentizität, die ich mit Blick auf die Kalibrierung im Hip-Hop szenespezifisch als ‚Realness‘ bezeichne. Der Wert wird auch diskursiv erzeugt, ist aber eng an einen Ursprungsmythos mit festem Figureninventar gekoppelt, der stets aktualisiert werden muss (vgl. Friedrich/Klein 2003, S. 62). Hip-Hop ist so neben handwerklichen Anforderungen, persönlicher Stabilität, Loyalität zu Szene und Underground auch über Herkunft aus prekären Milieus und Hypermaskulinität, also stärker identitär definiert (vgl. McLeod 1999, S. 139).

In den 1990er Jahren feiert Hip-Hop nicht nur Erfolge, sondern festigt gerade in den USA dieses Verständnis von Realness, inszeniert und gesteigert auch über Ver- bindungen zu Gang-Kriminalität. MF Doom übertreibt als Superschurke einerseits diese (rassistisch geprägten und in der Kulturindustrie verfestigten) Stereotype, richtet sich aber auch gegen eine Industrie, die für Afro- amerikaner genau diese eine Rolle zu bieten hat und sie mittels Realness darauf festschreibt. Auch MF Doom bezieht sich, allein durch die Samples aus *Wild Style,* auf diesen Ursprungsmythos, setzt ihn musikalisch jedoch ganz anders um; weniger ‚kommerzialisiert‘ und so über einen anderen Weg authentisch, als es die verbrauchten Codes des Gangster-Rap vermögen. MF Dooms Maskierung bezieht sich so auch auf einen Diskurs, den ein Gründungstext der Postcolonial Studies im Namen trägt: *Schwarze Haut, weiße Masken* von Frantz Fanon.

Fanon beschreibt in diesem Buch kolonialistische, tradierte Blickregimes, die eine ‚schwarze' Identität von außen zuschreiben (vgl. Fanon 1986, S. 111–112). Einziger Ausweg scheint der Versuch, eine weiße Maske anzulegen, den Habitus der Herrschenden anzunehmen; Fanon selbst entwirft dagegen die Vision einer subjektiven Verortung jenseits von Ethnie, ohne Vergangenheit, die die Zukunft festschreibt (vgl. ebd., S. 225–228). Damit stemmt sich Fanon gegen eine Essentialisierung von Identität und schlägt stattdessen eine Poetisierung des Subjekts vor; ähnlich, wie sie nun auch bei MF Doom zu finden ist. Dieser bezieht sich jedoch nicht nur auf eine imaginäre, sondern eine konkrete andere Maske, identifiziert sich mit ihr, ohne in einer vorgefertigten Identität aufzugehen (vgl. mit anderem theoretischen Bezug Ramírez 2021, S. 10). MF Doom entzieht sich ganz konkret den Blickregimes und hievt sich zugleich in die Rolle des Subjekts, indem er zum *auteur* seiner eigenen Identität und so ebenfalls in zweiter Ordnung authentisch wird. Neben dem inhaltlichen Widerstand gegen eine Rassismen-stabilisierende Kulturindustrie entwirft der Rapper einen performativen Widerstand, der jedoch mehr oder minder passiv abläuft. MF Doom ruft nicht zum Sturm; er bewegt sich in Independent-Label-Strukturen, die aber nach wie vor Teil der Kulturindustrie sind.

Fassen lässt sich seine Strategie mit dem Konzept *over-identification,* das Slavoj Žižek entwirft, um die Industrial-Band Laibach gegen den Vorwurf des Faschismus zu verteidigen (vgl. Žižek 2002, S. 287). Diese Über-Identifikation oder auch subversive Affirmation erlaubt es, sich in einem System, das im Grunde keinen Widerspruch denkbar macht, Freiräume zu erspielen. Entstanden ist das Konzept bereits vor Žižeks Ausführungen als künstlerische

Reaktion in Bezug auf die rigide Kulturpolitik der UdSSR, lässt sich aber ebenso problemlos auf jegliche Kritik an ihnen schluckende, kapitalistische Systeme anwenden (vgl. Arns/Sasse 2006, S. 444–445). Ein klassisches, pophistorisches Beispiel wäre mit Diederichsen Frank Zappa, der die Authentizitätsbestrebungen der Hippie-Bewegung persifliert, dabei jedoch stets selbst die Authentizität gerade in seinen Soli, seiner Virtuosität pflegt (vgl. Diederichsen 2014a, S. 166). Auch MF Doom übersteigert das damals aktuelle Authentizitätsverständnis zugunsten eines anderen, das in seiner Technik aufscheint. Die Über-Identifikation besteht darin, die geforderte Maske nicht nur metaphorisch, sondern materiell anzulegen.

Es bleibt jedoch nicht bei dieser Pointe: Auch diese Maske ist in die Konstruktion der Persona verschlungen, bezieht sich dabei auf externe Quellen und biografische Details. Noch mehr als etwa bei Slipknot, deren Masken ja in einem ähnlichen Spannungsverhältnis mit Bedeutung aufgeladen werden, steht dabei aber die materielle Qualität der starren Maske im Vordergrund. Nicht nur als Bruch mit dem Starkörper, der hier in der Bedeutung ohnehin der Maske untergeordnet ist. Ein Umstand, den MF Doom wiederholt unterstrich, indem er Stellvertreter unter der Maske zu öffentlichen Auftritten schickte (vgl. Ramírez 2021, S. 7–8). In dieser Geste setzt sich der Widerstand als Sabotage, als Entzug authentischer Bilder des Körpers fort, der jedoch nie in einen heißen, engagierten Protest mündet. Stattdessen panzert sich MF Doom mit einer kalten, emotionslosen Metallmaske, macht seinen Protest implizit und fängt diesen Akt mit einer Ästhetik der Coolness ein.

Coolness ist ein Hip-Hop-Wert, der auch mit einer harten, kontrollierten, kalten Männlichkeit zu schaffen hat, die MF Doom hier überspitzt wiedergibt. Diese Coolness wurzelt in der afroamerikanischen Geschichte, der guten Miene zum bösen Spiel des Rassismus, der Dissoziation als Verhältnis zu einem System, das ebenfalls keine Opposition duldet (vgl. Sommer 2007, S. 32). Im Gegensatz zu den heißen Revolutionären, die sich von ihrem Zweck verzehren lassen, handelt es sich hier mit Ulf Poschardt um kalte Rebellen, die auch für das Bürgertum genießbar sind; in dieser Ambivalenz schlummert ein subversives Potenzial (vgl. Poschardt 2002, S. 42). ‚Cool bleiben' ist mit Kälte nicht gleichzusetzen, umfasst ein breites Attributfeld, meint ‚lässig', ‚glatt', ‚sauber', ‚beherrscht', ‚distanziert' oder eben ‚hart'. Der Begriff stammt zwar aus dem afroamerikanischen Kontext, ventiliert jedoch vor allem dank seiner Verwendung im Jazz durch die Popkultur. Dort manifestiert sich Coolness als Strategie in prekären Situationen wie dem Solo (vgl. Diederichsen 2014a, S. 200–202), und vermischt sich mit verwandten Konzepten, etwa dandyistischen Haltungen intellektueller Distanz (vgl. Mentges 2010, S. 19–20).

Bei MF Doom sind dieser implizit-politische und der distinguierte, durch Sich-Entziehen und Avanciertheit eher auf subkulturelles Kapital bedachte Aspekt der Coolness bereits parallel am Werk. Konturiert ist die Coolness als solche jedoch erst, weil über den biografischen ebenso wie den intertextuellen Bezug auf Doctor Doom Leiden in MF Dooms Medienbiografie mitinszeniert wird; es braucht immer eine Verletzung, die unter der Maske pulsiert (vgl. Zill 2010, S. 47). Eben dieser Kontrast zwischen pulsierendem Leben und kontrollierter Hülle, zwischen Subjekt und Objekt, ist nicht nur für Coolness konstitutiv, sondern grundsätzlich für die Medialität der Pop-Musik; das kalte Zeichen und der warme Körper, den das Zeichen indexikalisch verspricht. Nicht umsonst bringt die Pop-Theoretikerin

Nadja Geer Coolness und Pose zusammen (vgl. Geer 2016, S. 1). Für Diederichsen ist Letztere sogar die kleinste bedeutende Einheit des Pop: „[E]ine durch Bilder und klanglich übermittelte Körperlichkeiten dokumentierte und so bezeugte Haltung. Diese Haltung stellt so etwas dar wie eine Handlungsmöglichkeit, die verdorben wäre, wenn sie unmittelbar in Handlung übersetzt würde – oder wenn sie zur Passivität verkäme" (Diederichsen 2014a, S. XXVIII).

Dieses Gleichgewicht erinnert nicht nur an die Ambivalenz des Rebellen, sondern weist auch formal Parallelen zur bewusst angenommenen Starre durch die angelegte Maske auf. Posiere ich, erstarre ich in dem Wissen, dass gleich ein Foto aufgenommen wird. Das bedeutet: Eine andere Person hält meinen Körper fest, macht ihn zum Objekt, das andere weiterschreiben und sich aneignen können. Posieren bedeutet nun, in einer freiwilligen Objektivierung eine Art Subjektivierung zu erreichen und den Blick, über den immer auch Macht aus-geübt werden kann, zu gestalten, zu unterwandern. Der Kunstkritiker Craig Owens hat diese besondere Figur als (identitäre) Selbstermächtigung in Blickregimes gelesen, für deren Beschreibung er sich auf Michel Foucaults Rezeption des Panoptikum bezieht. Macht wird in dieser Gefängnisform über einen zentralen Blick ausgeübt, den die Inhaftierten internalisieren und so diszipliniert werden. Ähnlich verhält es sich mit identitären Zuschreibungen in Blickregimes, etwa des durch Fanon beschriebenen, kolonialistisch-rassistischen Blicks; die Pose kann, wenn schon nicht die Regimes kippen, dann zumindest ihre Mechanismen zu Tage treten lassen (vgl. Owens 1994, S. 202 und 214; vgl. Foucault 1976, S. 257–263).

Die Maske eignet sich hier erneut als Metapher, deren Rückübersetzung ins Bild den Blickakt, die diskrete

Produktion von Identität stört, kommentiert und die Identität formbar macht, wie es Butlers stilisierte Wiederholungen versprechen. Der Bezug zur Coolness als Strategie der Beiläufigkeit, wo eigentlich größte Anstrengung herrscht, ist leicht hergestellt. Coolness ist damit ebenso Diskurseffekt wie die Authentizität, und die Maske ein ebenso extremes, für MF Doom aber keineswegs ungetestetes Mittel, diesen Effekt zu erreichen. Die Kristallisation der coolen Pose zur Maske lässt sich etwa bei der Sängerin Grace Jones nachvollziehen; diese stilisiert ihr Gesicht ab Mitte der 1970er Jahre zur strengen, scharfkantigen, scheinbar regungslosen Fläche, ein Verfahren, das 1980 im Musikvideo zur Single *Private Life* (1980) zur Maske materialisiert. Jones nimmt die Nachbildung ihres Gesichts zum Einsatz ihres Gesangs ab, offenbart darunter jedoch ein ebenso regungsarmes Gesicht. Zur Veröffentlichung der Single *Warm Leatherette* (1980) stellt ihr Label gar Pappmasken ihres Gesichts her und verteilt diese bei der Releaseparty.

MF Dooms Maske liegt nun rein ästhetisch deutlich weniger uneindeutig zwischen Maske und Gesicht. Ihre Bedeutung schwankt jedoch radikal zwischen Kunstfigur und Person. Auch hier geht es, im Gegensatz zu den mehrheitlich expressiven Fratzen Slipknots, jedoch eher um Tilgung als um Steigerung des Gesichtsausdrucks (vgl. Assmann 2002, S. 151). MF Doom verstärkt diesen Effekt durch die metallische, Coolness-signifizierende Optik seiner Maske, während er das ebenfalls Coolnesstypische Sich-Entziehen performativ über wechselnde Aliase, Switchen zwischen erster und dritter Person in den Lyrics sowie der Analogie zwischen Person/Rolle und Privatperson/Superschurke verstärkt. Die Maske bietet gerade in ihrer Unbeweglichkeit die Chance, Coolness als beiläufigen Widerstand, als Bruch im Code und Geste der Distanz, aber auch Bestätigung der Realness zu inszenieren.

Verhaltenslehren der Coolness

An dieser Stelle greife ich ein weiteres Beispiel aus dem Hip-Hop-Feld auf, das eine Doom-ähnliche Ästhetik in einem anderen Kontext performt, dort aber einen ähnlichen Präzedenzfall darstellt. Abb. 4 zeigt ihre eigentliche Maske nicht besonders fokussiert, dafür aber doppelt. Der Maskierte ist hüftaufwärts im Halbprofil abgebildet. Die rechte Hand an der Hüfte, die linke Hand hält, bekleidet mit einem weißen Handschuh, ein Mikrofon an den geöffneten Mund. Um den Hals hängt eine Goldkette, der Kopf ist nach oben gereckt, der Blick geht vermutlich in den Publikumsraum. Den Mund umrandet ein schmaler Henriquatre-Bart, über dem eine silbrig-glänzende Maske ansetzt und sich bis zum Hinterkopf zieht. Im Gesicht erinnert diese mit rudimentären Zügen und großen

Abb. 4 Sido bei einem Konzert am 17.07.2004 Kulturwerk Fichte in Magdeburg

Augenhöhlen an einen Totenschädel. Die rechte Schläfe ist
mit vier Einkerbungen versehen, die gemeinsam mit der
rundlichen Form hingegen an ein für die Ikonografie des
frühen Rock'n'Roll-typisches Shure-Mikrofon erinnern.
Zentrale Elemente dieser Komposition wiederholen sich
auf dem schwarzen T-Shirt des Maskierten: Hier ist ein
gezeichneter Kopf im Profil von links abgebildet, ebenfalls
maskiert, auch an dieser Schläfe mit vier Einkerbungen
versehen. Um den gezeichneten Hals hängt ebenfalls eine
Goldkette, allerdings mit dem Wort Berlin als Anhänger.
In der linken oberen Ecke des T-Shirts steht der Name des
Maskierten als Signatur: Sido.

Diese Maske referiert auf keine bestimmte Figur,
viel eher ist der Schädel eine für (zumindest manche)
Geschichtsschreibungen der Maske grundlegende, selbst
massiv semantisch aufgeladene Form (vgl. Weihe 2004,
S. 21). Der Schädel, hier von innen nach außen gezogen,
ist der Nullpunkt des Gesichts, befreit von den meisten
individuellen Zeichen und vor allem jenen Organen, die
Kommunikation, Affekt, generell Expression ermöglichen.
Allein darüber fügt sich diese Maske in ein Coolness-
Paradigma ein, gesteigert noch durch die Todessemantik:
Was tot ist, bewegt sich nicht mehr, fühlt nicht mehr,
teilt sich nicht mehr mit, ist kalt. Und was sich mit dem
Tod assoziiert, hat nichts mehr zu fürchten. In diesem
Fall gilt das für den Rapper Sido, der von Gründung
(2001) bis Auflösung (2009) beim Berliner Independent-
Label Aggro Berlin unter Vertrag stand. Zuvor tritt Sido
bereits unmaskiert in der lokalen Szene auf; erst als Teil
des Labels und spätestens im Rahmen der Bewerbung
seines ersten Soloalbums *Maske* (2004), der auch das hier
abgedruckte Foto entstammt, tritt der Rapper dann nur
noch maskiert auf. Die reduzierte Gestaltung prädestiniert
die Maske zum wiedererkennbaren Logo, bietet dank des
nur vage besetzten, allgemein verständlichen (X) aber auch

jede Menge Fläche für primär in eigenen Inszenierungen
geleistete Semantisierung. Als Nullpunkt funktioniert
diese Maske auch, weil sich Sido weder von acht anderen
Bandmitgliedern noch einer reichhaltigen Genre-Tradition
abgrenzen muss.

Neben MF Doom gibt es im Hip-Hop-Bereich im
Grunde nur das Wu-Tang-Clan-Mitglied Ghostface
Killah, dessen Name zumindest eine Art Maske verspricht. Tatsächlich tritt er zu Beginn seiner Medienbiografie kurz, etwa im Musikvideo zu *Da Mystery Of
Chessboxin'* (1994), maskiert auf. Zwar spielen Masken
in der weiteren Medienbiografie eine sporadische Rolle,
zu einem wirklichen Markenzeichen werden sie nicht.
Sido beruft sich dementsprechend auf Ghostface Killah
als Vorbild, bemerkt jedoch noch auszuschöpfendes
Potenzial in dessen Spiel mit Masken (vgl. Marquardt
2004, S. 77). Signifikant ist zudem der Zeitpunkt, an
dem sich Sido maskiert: Von Berlin aus etabliert sich in
den frühen 2000er Jahren ein neuer Realness-Diskurs im
deutschsprachigen Hip-Hop, der in den 1990er Jahren
vor allem bürgerlich geprägt war. In der Stadt gärt hingegen ein Potenzial, das Aggro Berlin dank prägnanter
Vermarktung voll entwickelt: Das Label repräsentiert
(schon dem Namen nach) Härte, einen Bezug zur
Straße, eine postmigrantische Gesellschaft, nutzt alternative Vertriebsstrukturen und schließt so konsequenter
an den Ursprungsmythos an. Dazu gehört auch ein
dokumentarisch zumindest gerahmter Blick auf prekäre
Milieus, bzw. deren mediale Reproduktion als „Realworld"
(Friedrich/Klein 2003, S. 158).

Sido hierzu 2004: „Mein Album ist politisch und sozial-
kritisch, aber nicht im Sinne von Advanced Chemistry.
Ich erzähle einfach, wie es ist" (Marquardt 2004, S. 78).
Dieser Abbildrealismus, eigentlich sogar -naturalis-
mus, scheint sich zunächst mit der Maske zu beißen,

entfaltet sich aber in einem sozialen, urbanen Kältediskurs. In Sidos Musikvideos manifestiert sich dieser
in Form eines Plattenbaus am Senftenberger Ring im
Märkischen Viertel, in dem Sido zur Zeit der Produktion
tatsächlich wohnt; ein emblematisches Bild für das Erbe
brutalistischen Städtebaus. Geprägt wird das konkrete
Image des Märkischen Viertels als Problembezirk vor
allem durch städteplanerische Komplikationen und darauf
aufbauende Berichterstattung. Besonders prominent ist
darunter eine Geschichte im Stern 1970 mit der Überschrift: „Leben wie im Ameisenhaufen" (vgl. Ebersbach
2006, S. 12–13).

Sido widmet diesem Bezirk nun die erste Single seines
Debütalbums *Mein Block,* von der verschiedene Versionen
kursieren, die in der Tat auch semantische Unterschiede
aufweisen (zu detaillierten Analysen des Songs vgl. Baier
2012, S. 271–283; Gruber 2017, S. 266–282). Neben dem
Albumtrack gibt es eine Exclusive-Version für das Hip-
Hop-Magazin *Juice* und einen Remix für das Musikvideo,
beide weichen im Beat von der ersten Fassung ab. Markant
an der *Juice*-Version ist vor allem ein Intro, in dem sich
Sido von zwei anderen Songs gleichen Namens abgrenzt,
die die Crews Blumentopf sowie Hecklah & Coch auf den
beiden vorherigen CD-Beilagen des Magazins veröffentlicht hatten. Sido schließt so an die (nicht nur) Rap-interne
Diskussion um die Existenz deutscher ‚Ghettos' an, führt
hierzu im Interview aus: „Ich rede viel über die soziale
Struktur, aus der ich komme, dem Märkischen Viertel.
Viele Leute sagen immer noch, es gibt kein Ghetto in
Deutschland. Mann, hundert Prozent komme ich aus dem
Ghetto. Es ist kein Ghetto wie in Amerika, peng-peng, hier
wird einer abgeknallt, da wird einer abgeknallt. […] Eher
wird einer abgestochen" (Marquart 2005, S. 78).

Im Gegensatz zu Blumentopf und Hecklah & Coch
kann er mit seinem Block also tatsächlich die Übersetzung

US-amerikanischer auf deutsche Verhältnisse leisten: andere Form (Plattenbau statt Projects), andere Waffen (Messer statt Pistolen), ähnliche Bedeutung (prekäres Leben). Das Musikvideo zu *Mein Block* leistet diese Übersetzung paradigmatisch und führt zudem Hip-Hop aus seiner bürgerlichen in eine *realere* Form, ganz performativ. Dem titelgebenden Song ist die dritte Strophe des Songs *Stein Ein!* vorgestellt, in dem Sido verbal in seine Welt einführt und dazu nun visuell quer durch Berlin in Richtung Märkisches Viertel fährt. In *Mein Block* selbst kartografiert Sido dann den Plattenbau, stellt die Beziehungen zwischen den Bewohner*innen der einzelnen Stockwerke her, die sich durch Betrug, warenförmigen Sex und Gewalt auszeichnen. Sido zeigt sich in einer Doppelrolle: Streetwear und Alltagssprache zeichnen ihn als Teil des Blocks aus, zugleich agiert er jedoch auch als Teil der Medienwelt. Er ist der souveräne Conférencier, macht denen, die bei MTV und Viva zuschauen, ein klares Angebot. Diese Position markiert die Maske, die Sido als einziger trägt: Er ist der Star, hat sich aber auch am meisten unter Kontrolle in diesem gefährlichen Milieu.

Hier kommt eine weitere Tradition der Coolness zum Tragen: die „Panzerung" (Lethen 1994, S. 70) gegen widrige Umstände, wie sie Helmut Lethen in seinen *Verhaltenslehren der Kälte* beschreibt. Dieser Diskurs hängt auch mit zunehmender Urbanisierung zusammen; in mangelnder Ordnung, wie sie ja auch den Block auszeichnet, braucht es die Kontur der Maske, die dem Subjekt Stabilität verleiht, die einen Überblick ermöglicht, wie ihn Sido beweist (vgl. Düllo 2000, 265–268). Poschardt beschreibt, etwas pathetisch, Coolness auch als Idee, die Werte einer kalten Welt selbst anzunehmen, was uns wieder zur Figur der Affirmation führt. Bei Sido gilt auch dies doppelt: Er affirmiert die Regeln des Großstadtraums, die kalte Anonymität des Plattenbaus.

Er nimmt durch die Maske aber auch vorsorglich eine mediale Form an, um selbst einen realweltlichen Ort in die Medienrealität zu überführen und ihn dort neu hervorzubringen. Die Verschmelzung beider Welten zeigt sich darin, dass Sido in diesem Video in allen Lebenslagen und als einziger mit dieser Maske zu sehen ist; selbst, wenn er morgens aufsteht.

Auch hier ist die künstliche Maske also in eine Inszenierung von Realness involviert, jedoch weniger mit der Absicht, eine Fiktion aufzubrechen. Viel eher identifiziert sich Sido auf diese Weise mit seiner Umgebung und spitzt dies in einer Inszenierung von Coolness zu, die auch mit einem eher nachlässigen, beiläufig erzählenden Rap-Stil und der Missachtung gesellschaftlicher Tabus einhergeht (vgl. Wolbring 2015, S. 434–447). Auch diesen coolen Umgang mit seinen Themen kündigt er im Interview programmatisch an, im Gegensatz zu Phil-Collins-artiger Betroffenheitsmusik (vgl. Marquardt 2004, S. 78; zu denken ist an Songs wie *Another Day in Paradise,* 1989). Die wird erst später in Sidos Karriere eine Rolle spielen. Coolness muss als Diskurseffekt stets neu abgestimmt werden, damit ihre Widersprüchlichkeit nicht auffliegt; es geht schließlich um Desinteresse in einer Inszenierung, die nur zu Stande kommt, weil sich jemand so sehr interessiert, dass er sich die Mühe macht, zu inszenieren (vgl. Wolbring 2015, S. 442–443). Zugleich kommt Coolness dort zum Einsatz, wo es innere Regungen wie Wut oder (Mit-)Leid zu kaschieren gilt (vgl. Poschardt 2002, S. 62; Zill 2010, S. 47). Sidos sozialkritischer Anspruch wird sich auch in dieser Form noch manifestieren, sukzessive von der Single *Schlechtes Vorbild* (2007) über *Augen auf* (2008) bis schließlich zur gemeinsam mit Bushido und Peter Maffay eingesungenen Tabaluga-Aktualisierung *Erwachsen sein* (2011), lesbar auch als Prozess eben jenes ‚Erwachsenwerdens‘, den ich später noch betrachten werde.

Erwachsen sein ist Ergebnis eines behutsamen Tauwetters, in dem sich die harte Coolness verflüssigt. Bereits von Beginn an inszeniert Sido zudem Label-konform hitzige Aggression, die mir auf gewisse Weise nicht wie das Gegenteil (das wäre dann eher die gemäßigte, weiche Wärme), sondern im Paradigma klimatischer Extreme äquivalent zur Coolness erscheint. Jochen Venus schreibt hierzu in seiner phänomenologischen Betrachtung populärer Bildstrategien: „Das Scharfe, Salzige, Süße, Bittere, Kalte und Heiße – alle Qualia werden hochgetrieben" (Venus 2013, S. 67). Dort, wo cool auch heiß bedeuten kann, hat freilich eine semantische Entleerung stattgefunden; als Intensitätsvokabel taugt sie aber noch immer, und bisweilen stellt sie das Kippmoment der Coolness dar, das sich dort zeigt, wo die Anstrengung an der Inszenierung durch diese hindurch bricht und einen heißen, grotesken Effekt offenbart.

Wenn es um diesen Effekt geht, bietet *Schlechtes Vorbild* einen guten Ansatzpunkt. Die Maske kommt hier nicht nur im Kontext von Alltagskleidung, sondern auch als Teil eines Kostüms, und mehr noch: eines Clownskostüms zum Einsatz. Sidos Performance dazu wirkt nicht beherrscht, sondern erhält einen *zany,* also überdrehten Charakter. Die ästhetische Kategorie *zany* beschreibt Sianne Ngai nicht nur als heiß, sondern leitet sie auch von der Commedia Dell'Arte Figur Zanni ab, die später in Clownsfiguren mündet (vgl. Ngai 2015, S. 7 und 14). Weniger als bei den kalten Tabubrüchen wird die Maske dort heiß, wo sich Bewegung und Montage beschleunigen, wo weitere Masken auftauchen, also etwa im Musikvideo zur Single *Halt dein Maul* (2008) aus dem dritten Album *Ich und meine Maske* (2008). Dass es dabei nicht zwingend um eine zeitliche Abfolge von cool nach heiß gehen muss, zeigt Johannes Grubers Hinweis auf das frühe Musikvideo zum *Weihnachtssong* (2003), in dem die Maske „fast schon die Funktion einer Clownsnase einnimmt" (Gruber 2017, S. 265). Die Extreme sind mit *Ich und meine Maske* jedoch vorerst ausgeschöpft, was Sido auch dadurch kompensiert, dass er seine Maske in Abgrenzung zu einem warmen, authentischen Gesicht immer neu kalibrieren, sie aber auch eine Zeit lang pausieren lassen kann.

Sido benötigt diese Rekalibrierung auch, weil seine Coolness weniger dandyhafte Züge als MF Dooms trägt, der wiederum eine eher intellektuelle Kühle in der biografisch grundierten Maske kultiviert. Sidos Maske bleibt stärker einem realistischen Programm verpflichtet, dessen Kälte sie zum spektakulär selbstreferenziellen Zeichen steigert. Zugleich reiht sich die Maske in ein Pantheon populärer Masken und konsolidiert so einen Status als überbekanntes Gesicht. Beide Masken ähneln sich in der materiellen Nähe zur Coolness, die ihre Starre betont. Sie fungieren beide als Panzer, durchaus mit einer Nähe zu Verletzung und Tod; eine bis zum Ende der Medienbiografie, die andere immer wieder im Wechsel mit dem authentischen Gesicht. Die starre Maske steigert jedoch auch die Pose als Möglichkeit, Identität in den Blickregimes der Pop-Musik zu gestalten, sich aber auch von Blicken abzuschirmen. Auf der Rückseite ergibt sich so ein dunkler Raum der Anonymität, den ich im folgenden Kapitel beleuchten möchte.

Die Rückseite der Maske: Anonymität

Die Lektüre konkreter Masken ist ein gutes Mittel, wenn es um die Verweise der Außenseite, auch auf das Subjekt dahinter, oder um die harte, stabile Qualität des Zeichens selbst geht. Die Rückseite der Maske, gewissermaßen dritte Schicht nach Oberfläche und Maske an sich, eignet sich dafür weniger, geht es hier doch um den verhüllenden Effekt, den jede Maske bis zu einem gewissen Grad ausübt; die bislang behandelten Masken sogar in einem recht hohen. Der Witz ist gerade, dass wir nichts sehen, zu lesen gibt es also wenig. Für einen Moment möchte ich daher noch bei Sido verweilen und ein Musikvideo betrachten, das der Rapper bereits bei Aggro Berlin, aber noch ohne Totenkopf-Maske und als Teil der Crew Die Sekte (mit B-Tight, Rhymin' Simon und Vokalmatador) veröffentlicht hat. Das Video bebildert den Battle-Track *Hältst du es aus?* (2001) – im Sinne der Berliner Schule positioniert sich die Crew performativ und inhaltlich gegen den

S. Berlich, *Who You Think I Am?,* Essays zur Gegenwartsästhetik, https://doi.org/10.1007/978-3-662-64795-0_4

mittelständischen, spaßigen, erfolgreichen Rap aus Städten wie Stuttgart, Heidelberg oder Hamburg.

Letzterer wird im Musikvideo durch eine zweite, vierköpfige Gruppe repräsentiert. Die Oppositionen sind leicht eröffnet, beide Gruppen bewegen sich im selben Feld, aber an verschiedenen Enden der Realness-Skala: Die Sekte kommt von der Straße, die Anderen sitzen in einer Altbauwohnung mit eingebautem Studio. Die Sekte trägt Straßenkleidung und rappt mit scharfkantigem Flow, die Anderen tragen gekaufte Baggy-Kleidung und rappen leiernd, mit simplen Reimen und Hamburger Dialekt. Die Sekte ist rein männlich besetzt, die Anderen sind drei Männer und eine Frau. Die Sekte ist *real,* die Anderen bemühen sich um Realness und machen damit alles falsch. Vor allem ist Die Sekte jedoch maskiert: B-Tight trägt eine Art abgeschnittene Sturmhaube, Rhymin' Simon eine aus Lederfetzen zusammengeflickte Maske, Vokalmatador eine Sturmhaube mit drei Löchern – Sido hingegen trägt lediglich eine Sonnenbrille. Mit Blick auf die weitere Medienbiografie mutet das kurios an, in diesem Kontext geht die Sonnenbrille aber als weniger clowneske, coolere und Überlegenheit ausstrahlende Maskenvariante durch.

Darauf zielen diese Masken: Irgendwo zwischen physischer, psychischer und magischer Überlegenheit konfrontiert Die Sekte ihre Gegner*innen, ist immer schon dort, wohin die Anderen flüchten. Teils bewegen sich die Rapper durch Ellipsen in der Montage sogar scheinbar gespenstisch, was eine metaphorische Dimension des hier geführten Realness-Diskurses eröffnet; die einen haben sie, unerklärlich, die anderen eben nicht. Ganz konkret signifizieren die Masken in diesem Kontext aber auch Gefahr, aktivieren die Bildsprache maskierter Einbrecher*innen. Das maskierte Gesicht verbirgt Emotionen, lässt das Gegenüber über die Absichten und Regungen darunter im Unklaren, was einen unheimlichen

Effekt auslösen kann; ganz konkret schützt die Maske aber auch einfach die Identität darunter.

Dieser Schutz der Identität kann in der Pop-Musik eine Rolle spielen, an der Grenze zwischen Image und tatsächlicher strafrechtlicher Verfolgung. Der bereits gestreifte Ghostface Killah spielt zu Beginn seiner Karriere, ob bewusst oder nicht, genau dieses Potenzial aus; es kursiert das Gerücht, er habe sein Gesicht damals vor einer Fahndung geschützt, er selbst verknüpft Maske und Kriminalität in dem Song *Da Mystery Of Chessboxin'*: „When I struck I had on Timbs and a black mask" (Wu-Tang Clan 1994, TC 03:00–03:02). Andere Rapper*innen nutzen ihre Musik selbst, um strafrechtlich relevante Inhalte zu verbreiten, und maskieren sich gegen eine Identifikation mit diesen Inhalten; mithin kann freilich auch ein Schutz vor der Identifikation mit brachialen Inhalten jeglicher Couleur intendiert sein, ohne gleich Verfolgung durch die Ermittlungsbehörden, sondern etwa ‚nur' soziale Sanktionen fürchten zu müssen. Wie effektiv nun die Masken von Rapper*innen wie AK Außer Kontrolle, der Grindcore Band GUT oder auch Pussy Riot sind, ist für das Individuum nicht unwichtig, bildsprachlich aber zweitrangig; entscheidend ist, mit der Maske Dissidenz zu signifizieren.

In diese Richtung passiert, was ich bereits beschrieben habe: Eine Person (A) setzt sich Maske (B) auf, deren Signifikat (X) in diesem Fall Regelbruch im weiteren, strafrechtliche Delikte im engeren Sinn sind. Die Starre der Maske (B) verstärkt derweil noch den intendierten bedrohlichen, coolen Eindruck. Doch zum coolen Ausdruck gehört auch, dass etwas dahinter verborgen rumort; die Uneigentlichkeit der Maske verweist ja darauf, dass auf der konkaven Innenseite etwas liegt, geschützt vor der medialen Erfassung, der Zeichenwerdung. Die Innenseite bleibt eine Leerstelle, in die sich das Gesicht tatsächlich und metaphorisch einfügt – auf diese Weise entsteht abermals ein Paradox: Anonymität, im besten Fall ja eigentlich unbemerkt, wird inszeniert. Sie ist als Diskurseffekt aber auch nur denkbar, wenn sie als solche bemerkt wird. Mit der Ethnografin Stefanie Kiwi Menrath lässt sich behaupten, dass es selten um substanzielle, also tatsächliche Anonymität im Pop geht, sondern eher um eine performte, spielerische Anonymität, die kein wirkliches Geheimnis wahren, sondern in erster Linie einen Bruch im Skript herbeiführen soll (vgl. Menrath 2018, S. 18). Der ist zunächst ergebnisoffen, wird aber durch die jeweilige Inszenierung und zusätzliche Angebote in der Medienbiografie semantisiert; als Kritik, als Rätsel, oder schlicht als Schutz vor den Blickregimen.

Um Anonymität ging es, bei aller Authentizität, ja schon bei Chris Fehns Lektürehinweisen: Auch er wollte namenlos bleiben („es [kommt] bei dieser Band nicht auf Namen und Gesichter an"), um in einen liminalen Zustand zu gelangen („wandelt sich unser Charakter"), in dem Authentizität durch Kunst möglich ist („Die Masken […] enthüllen mehr von unseren Persönlichkeiten als sie verdecken"). Dadurch sind bereits Fluchtlinien der Anonymität markiert, die zugleich mögliche Reibungen zwischen Anonymität und Pop-Musik-Frage („Was ist das für ein Typ?") relativieren. Die Person und ihre Marker (also etwa Name und Gesicht) bringen eigentlich Gewicht in das Spiel, aus dem die Persona entsteht; Slipknot gewinnen dieses Gewicht durch Expression und mithin auch Exzess. Mittels partieller Anonymität eliminieren sie Marker, um zwischen Kritik (und Affirmation) der warenförmigen Persona und ‚aufrichtiger' Kunst zu einer Authentizität zweiter Ordnung zu gelangen. Anonymität braucht es hier, um die Bildwerdung, die Übersetzung in die Warenform erst kritisch zu durchleuchten, dann aber bei aller kritischen Distanz selbst zu durchlaufen.

Grundlegende Voraussetzung dieses Spiels ist der Entwurf einer Rolle, die dann wiederum als authentisch semantisiert werden kann; etwa Fehns phallischer Pinocchio. Es ist aber auch möglich, solche Rollen ohne persönliche Anbindung zu spielen. Die Uneigentlichkeit, die andernorts Tabubrüche relativieren und Distanz zwischen diesen und der Privatperson schaffen soll, kann die Rolle zugunsten eines Eintauchens in die fiktive Welt auch von der Person befreien. Dies praktizieren in verschiedenen Intensitätsgraden vollmaskierte, mit mehr oder minder stabiler Mythologie ausgestattete Fantasy-Bands wie Gwar, Lordi oder A Band Of Orcs, Grindcore-Bands wie Milking The Goatmachine, die ihren brachialen Sound mit *cuten* Tierverkleidungen brechen und so vorrangig eine Pointe verstetigen, die vollkommen virtuellen Gorillaz, deren Rollen sich nicht auf konkrete, verkörpernde Personen hin auflösen lassen, oder eine Band wie The Residents, die auf eine Pop eher kommentierende Kunst zielt und in diesem Rahmen mit stets wechselnden Kostümen nach substantieller Anonymität strebt. Ob Theater, Ironie, Comic oder Kunst, allen ist gemein, dass sie sich am Rande einer Pop-Musik im engeren Sinn bewegen.

Bei anderen Fällen ist nicht klar zu unterscheiden, ob nun eher die Person oder eher die Rolle vor der jeweils anderen Position geschützt werden soll; grundsätzlich gilt die Distanz ja für beide Seiten der Maske. Beobachten lässt sich der wechselseitige Nutzen bei jenen Rapper*innen der 2010er Jahre, die sich im Rahmen ihrer Teilnahme an Video-Battle-Turnieren maskierten. Bei diesen Formaten treten Rapper*innen meist rundenbasiert mit Battle-Tracks gegeneinander an; das Publikum entscheidet über das Weiterkommen. Die Masken können dabei helfen, einen griffigen Charakter für dieses Format zu kreieren, eine Figur, von der aus sich gut, kreativ

beleidigen lässt, die jedoch auch eine für das Voting entscheidende Markenbildung leistet. Zugleich schützen
die Masken auch vor den möglichen Rückkopplungs-
effekten von Videos, die sich potenziell nur einen Klick
von Facebook-, Twitter- oder Linked-In-Profilen entfernt
befinden. Gerade Battlerap ist eine hochgradig uneigent-
liche Textform, deren Codes für Nicht-Initiierte nur
schwer adäquat lesbar (und auch unter Initiierten dis-
kutabel) sind; was früher in Kellern unter Initiierten statt-
fand, ist nun aber für alle gut sichtbar platziert.

Sichtschutz im (umgekehrten) Panoptikum

Battlerap bedeutet persönlich adressierte Konfrontation
in einem theatralen Modus; die Maske kann hier auch
helfen, die Person vor diesen Angriffen zu schützen, sie
nicht den Lektüreprozessen des Gegenübers und des
Publikums auszusetzen. Das gilt nicht nur im Battle,
sondern generell für die Blickregimes der Pop-Musik.
Die Maske kann (identitäre) Zuschreibungen kritisieren,
sie formen oder durch Ausblenden abwenden, darin wie
beschrieben mit der Pose verwandt. Die Maske bedeutet
weniger Kontrolle in der Rezeption, mehr Kontrolle in
der Produktion. Reizvoll ist das nicht nur in Situationen
wie dem Battle, die peinlich enden können, sondern
mit Craig Owens auch für Subjekte, die zusätzlich zu
den ohnehin stattfindenden, übergriffigen Starlektüren
Objekt rassistischer oder sexistischer Blickregimes sind.
Beschreiben möchte ich eine solche Strategie an der Maske
der Sängerin und Songschreiberin Sia, ausgehend vom
Eröffnungssatz ihres 2013 veröffentlichten *Anti-Fame
Manifesto:* „If anyone besides famous people knew what it

was like to be a famous person, they would never want to be famous" (Furler 2013).

Ihre Medienbiografie lässt sich bislang in zwei größere und ein kleineres Kapitel unterteilen: Zunächst tritt sie unmaskiert mit fünf Alben in einem Indie-Kontext in Erscheinung, dann zieht sie sich um 2010 aus der Öffentlichkeit zurück, um als Song-Schreiberin hinter den Kulissen zu arbeiten. Schließlich tritt sie vom Rücktritt zurück, nachdem der Produzent David Guetta – so will es der Mythos – ihren Gesang aus der Demoversion des Songs *Titanium* (2011) einfach in den finalen Song integriert (vgl. Sanders 2014). Sia ist nun Star eines internationalen Top-10-Hits und baut darauf eine Karriere auf, die allerdings mit dem Rücktritt nicht ganz bricht. Zwar liefert sie die Stimme als Referenz auf ihren Körper, verweigert jedoch den Blick auf ihr Gesicht – zunächst wechselt sie zwischen Masken wie jener braunen Papiertüte mit aufgekritzeltem Gesicht, die das *Anti-Fame-Manifesto* ziert. Ab 2014 nutzt sie eine Perücke, die ihre Bob-Frisur vergrößert reproduziert, so dass er bis knapp über den Mund reicht und ihre Augen verdeckt. Zum Markenzeichen wird dieser Bob mit dem Cover des Albums *1000 Forms of Fear* (2014). Zugleich etablieren Musikvideos, Live- und Late-Night-Show-Auftritte die Option, dass andere Performer*innen mit dieser Perücke, meist dann in regulärer Größe, Sia verkörpern können – auch parallel zu ihr selbst, wie bei einem Auftritt in Boston 2016 (s. Abb. 5).

Auch Sia setzt Anonymität also strategisch ein: Sie fügt sich in die indexikalische Qualität von Pop-Musik, liefert auch Bilder, verweigert aber, Zentrum dieser Bilder und ihrer Gesichterlektüren zu sein. So geht sie auf Distanz zu sich und kreiert durch das Auslagern auf einen anderen Körper, also den Bruch in der unmittelbar-expressiven Logik, eine Kunst-Authentizität, positioniert sich als

Abb. 5 Sia mit Tänzerin Stephanie Mincone auf dem Boston Calling Festival

auteur, verstärkt noch dadurch, dass sie sich als Körper aus der Inszenierung streicht (vgl. auch Hansen 2017, S. 8). Diese Strategie legt sie im Manifest als Reaktion auf kulturindustrielle Blickregimes an, die durch das Internet und vor allem Soziale Medien neue Dimensionen der Rückkopplung erreicht haben:

> „Imagine the stereotypical highly opinionated, completely uninformed mother-in-law character and apply it to every teenager with a computer in the entire world. Then add in all bored people, as well as people whose job it is to report on celebrities. Then, picture that creature, that force, criticizing you for an hour straight once a day, every day, day after day" (Furler 2013).

Diese Kritik richtet sich, personifiziert durch eine stereotype Figur, direkt auf den weiblichen Körper: „She's asking me whether I'm ‚so unattractive under those clothes that her son/daughter doesn't want to fuck me anymore,' or if

I'm ‚so dumb I don't know what a dick is and how to use it'" (ebd).

Sia reagiert durch einen Entzug der Bilder, über die derart geurteilt werden könnte; gekoppelt auch an ein Verständnis von Autorinnenschaft, das gegen den Fokus der Pop-Musik auf Körper keine unmittelbare Darstellung durch den Star verlangt. Wie Sia die tänzerische Umsetzung ihrer Songs delegiert, schreibt sie nach wie vor Songs, die von anderen dargestellt werden sollen. Zu ihrer Medienbiografie zählen auch diese scheinbar genialischen Schreibprozesse, etwa des innerhalb von 14 min komponierten und von der Sängerin Rihanna performten Songs *Diamonds* (2012; vgl. Hansen 2017, S. 7), die jedoch mehr auf handwerkliche als emotionale Authentizität zielen. Beide Prinzipien finden sich ausformuliert in den beiden nach der Maskierung veröffentlichten Alben: Wo *1000 Forms of Fear* Emotionen verspricht, die es unter einer Maske zu verstecken gilt, vermittelt der Nachfolger *This is Acting* (2016) ein gänzlich anderes Verhältnis zwischen Song und Sängerin. Sia führt hier Stücke auf, die sie eigentlich für Andere geschrieben hat und die entsprechend eklektisch ausfallen. Statt diese Entstehung zu kaschieren, wird sie zur Poetik des Projekts: Pop-Performance als Schauspiel, als Ausführung eines Skripts. Ein Pop-Musik-Verständnis, das nach Möglichkeit nicht auf eine Person konzentriert ist und hier entsprechend dissoziiert angeboten wird. Damit verweigert Sia nicht nur den direkten Blick, sondern nutzt ihre Maske auch, um authentische Zuschreibungen noch im stimmlichen Ausdruck zu blockieren. Was in Rock-Ideologien und Identitätspolitiken als Ermächtigung gedacht ist, kann auch zum Zwang werden, zu „Selbstrepräsentationen im Spannungsfeld einer allseits präsenten Medienkultur und Wettbewerbsökonomien [...], in der das Gebot optimaler

Selbstoptimierung [...] immer verbindlicher wird"
(Frohne 2011, S. 11).

Markierte Posen und Masken bieten Möglichkeiten,
mit der durch den Kulturwissenschaftler Thomas Macho
postulierten „facialen Gesellschaft" (Macho 1996, S. 25)
zu brechen, ihre Mechanismen greifbar zu machen. In
dieser kehrt sich die Blickrichtung des Panoptikums um;
zentral ist nun nicht mehr die anonyme, beobachtende
Person, zentral ist das betrachtete, überbekannte Gesicht.
Mit dieser Position verändert sich das Machtgefälle:
Oben liegt nun das beobachtete Gesicht, während unten
die Masse in anonymer Ohnmacht verharrt. Das Gesicht
muss dazu vom Kopf als räumlichem Körper ‚gelöst'
werden (etwa durch Fotografie) und sich als Logo verbreiten. Dabei valorisiert das Gesicht sich selbst ebenso
wie die dahinterstehende Marke oder den Zweck tautologisch. Das heißt: Immer wieder wird dasselbe Bild
reproduziert und verbreitet, dadurch immer bekannter
und wertvoller, ohne, dass wirklich eine neue Aussage ‚von Wert' getroffen wird – Quantität ersetzt quasi
Qualität (Macho 1999, S. 131–133). Macho spitzt seine
These kulturkritisch zu, so dass sie zu absolut, scharf und
pessimistisch auf einen Effekt hin formuliert ist. Gerade in
Zusammenschau mit den Blickregimes ergibt sich jedoch
ein Kreislauf, der sich in die Feedbackschleifen der Pop-
Musik fügt und die beiden Laufrichtungen der Macht
innerhalb dieser Schleifen konturiert.

Zugleich entwirft Macho einen Diskurs, der eine
Menge Platz für (mehr oder minder reflektierte) Star-
kritik und Ikonoklasmus in der Pop-Musik selbst bietet,
ganz in Folge jener bereits geschilderten Rock-Bestrebung,
sich immer wieder von Oberflächen und Stars abzu-
grenzen. Grundsätzlich gibt es hierfür zwei Wege: inhalt-
liche Kritik oder Verweigerung eines Diskurses. Bands,
die sich generell als namenlose Gruppe inszenieren, wie

die frühen Slipknot, jüngst die maskierten Metal-Bands Epiphanic Truth und Sleep Token oder das sich jeglicher Repräsentation des Körpers entziehende Soul-Kollektiv Sault, bewegen sich irgendwo dazwischen (vgl. Menrath 2019, S. 41). Eine große Tradition hat die Verweigerung des Diskurses in der EDM, also vor allem den House- und Techno-Szenen der 1980er und 1990er Jahre. Das eingangs erwähnte Cluster maskierter Musiker*innen in der zeitgenössischen EDM steht in der Tradition dieser Jahre, die veränderte Aufführungstypen, Konzepte von Autor*innenschaft sowie Verhältnisse zwischen Maschine und Mensch hervorgebracht haben. Der Fetisch um die Präsenz der Performenden und das Genie des *auteur* wird hier nicht kritisch gelesen, sondern erstmal schlicht ersetzt.

Das fängt bei der Aufführung an: Passiert im Rock ‚Wahrheit' auf der Bühne, sind Musik und körperliche Performance im EDM getrennt. Die Produktion der Musik ist auf DJs konzentriert, die im Dunkel des Clubs in der Kanzel verschwinden und die Performance an das Publikum delegieren (vgl. Diederichsen 2014a, S. 171). In der Menge erfährt das Individuum dabei seinen eigenen Körper und dessen Grenzen, weder Zeichen verpflichtet noch diese indexikalisch produzierend. Präsenz lautet das Programm – die Konstruktion von Identität soll stets nur auf sich selbst rückführbar sein, am besten gleich im Fluss bleiben (vgl. Jost 2012, S. 79). Diesen liminalen Zustand stabilisieren bis heute Regeln wie das grundsätz-liche Fotoverbot im Berliner Techno-Club Berghain (vgl. Zipfel 2021, S. 10); angelegt ist dieser Zustand bereits in der Musik, die mit dem Autor*innenverständnis und der indexikalischen Zeichenproduktion des Rock bricht.

Dass DJs traditionell bereits aufgenommene Musik auf-legen, sie neu und teils auch mit anderer Musik mischen, kostet sie historisch betrachtet zunächst den Autor*innen-status (vgl. Herman 2006). Das gilt auch für am

Computer produzierte EDM, zumal die Zeichen hier noch weniger indexikalischen Charakter haben. Die maschinelle Präzision verweist nicht auf den produzierenden Körper, Lyrics im emphatischen Sinn fehlen ebenso. Was potenziell unheimlich wirken könnte – wir betreten musikalische Architekturen, die Menschen erbaut haben müssen, von denen nun aber jede Spur fehlt –, zahlt auf die Freiheit der Rezipierenden ein, die sich diese Zeichen frei aneignen können, eben keinen Spuren folgen müssen (vgl. Diederichsen 2005, S. 71–73). In den Bildprogrammen setzt sich das fort: Flyer dominieren abstrakte Bildwelten, Platten erscheinen als White Label, im Extremfall ohne jede Information (vgl. Diederichsen 2011, S. 131).

Diese Verweigerung eines Diskurses gerät in die Bredouille, als die EDM im Lauf der 1990er in größere Pop-Musik-Kontexte diffundiert: Anonymität wird nun als Praxis erkannt, beschrieben und zunehmend in Akten der Akquisition und (journalistischer) Rezeption doch visualisiert und in einen Diskurs überführt (vgl. Menrath 2019, S. 39–41). Ein Vorschlag zur Güte besteht darin „Nerds, Schweiger, Schüchterne […] unauffällige Typen, die scheinbar vor allem in Ruhe gelassen werden wollen und sich den Bedingungen einer Verwertungslogik, die nach ihrem Bild verlangt, nur unwillig unterwerfen" (Holert 2005, S. 24) einfach als neue Stars zu etablieren, gar nicht weit von den Anti-Stars des Grunge entfernt. Die Gerinnung der DJs auch zu Autor*innen lässt sich etwa bei Ulf Poschardt nachlesen: Im konzeptuellen Schluss seiner historisch angelegten Studie *DJ-Culture* erkennt er in seinem Gegenstand einen neuen Typus Autor*in, geboren aus der Rezeption, wie es Roland Barthes in Folge des „Tod des Autors" (Barthes 2002) eingefordert hat. Poschardts postmoderne Fantasie ist eigentlich nicht abwegig, offenbart ihren konservativen Kern jedoch an seinen Wunderkind-Geschichten über den Produzenten Aphex Twin. Dessen Genie zeigt sich weniger in der Komposition als im Löten von Synthesizern; darin, dass er „die neuen Technologien exakt zu seinen Zwecken nutzen kann" (Poschardt 1999, S. 390). Fluide Körperlichkeit, das Verschwinden des männlichen Genies, mithin posthumanistische Fantasien der Entkörperlichung durch die Kraft der Maschine, lösen sich in diesen Bildern und Erzählungen auf – EDM nähert sich rockistischen Konventionen wieder an (vgl. Cookney 2015, S. 175).

Die Maske spielt dabei eine ambivalente Rolle, die je unterschiedlich gewichtet ist. Grundsätzlich führt sie das Projekt der Anonymität fort, sie ist jedoch auch geeignet, Teil einer spektakulären, Rock-orientierten Performance zu sein; das subversive Potenzial der Anonymität mithin für das stabile Zeichen zu verraten. Die überdimensionierte, stilisierte, an Mickey Maus erinnernde Maske des DJ Deadmau5 zählt hierzu ebenso wie die wechselnden, aber stets eklektizistischen, kolonialistisch-fantasierenden Masken von SBTRKT, die die Person löschen und den Fokus auf die Musik richten sollen (Killakam 2012). Grundsätzlich bietet die Maske eine dialektische Antwort auf die Forderung nach Identifikation in der Pop-Musik: Inszenierung ja, Identität nicht unbedingt.

Die paradoxe Anonymität des Überbekannten

Die Maske ist also weder Ausverkauf noch Absage an die Kulturindustrie, sondern öffnet ein Spielfeld. Maskerade kann helfen, sich zu entziehen, wie bei MF Doom gesehen; eine ambivalente Pose, die in verschiedenen

Nuancen als subversive Affirmation beschrieben werden kann. Ein einschlägiges Beispiel ist die*der (nicht-binäre) Karin Dreijer, vor allem ihre*seine Arbeit im Duo The Knife und dem Soloprojekt Fever Ray. Nicht nur wechselten innerhalb dieser Projekte immer wieder Masken mit anderen Taktiken der Verkleidung und Verhüllung, sie sind auch in stimmliche Manipulationen und identitäre Verunsicherungen integriert. Emblematisch steht hierfür ein Auftritt bei der schwedischen Award-Show *P3 Guld* 2010, der nicht umsonst in der Pop-Theorie über reine Fallstudien hinaus rezipiert wurde (vgl. Menrath 2019, S. 33–58; Schulze 2013). Dreijer betritt die Bühne, um einen Preis für das Album *Fever Ray* (2009) anzunehmen, in einem roten Kostüm mitsamt gesichtsverhüllendem Schleier. Dreijer erreicht das Mikrofon, lüftet den Schleier und gibt eine Maske preis, die an ein geschmolzenes Gesicht erinnert. Statt einer Rede stammelt und röchelt Dreijer einige Sekunden, verlässt anschließend die Bühne.

Menrath begreift diesen Auftritt als idealtypische Performance von Anonymität: Dreijer ist nicht substanziell anonym, wir kennen ihr*sein Gesicht, ihren*seinen Namen. Dreijer verweigert den Diskurs, die Medialität nicht, was, wie gezeigt, zwangsläufig zu Widersprüchen führt; stattdessen affirmiert Dreijer die Kulturindustrie und spielt mit ihren Formaten, etwa der Dankesrede, an die es die Erwartung gibt, hier nun ein wahres Gesicht, eine persönliche Offenbarung zu erfahren. Stattdessen: eine fluide Performance, eingefangen und ridikülisiert durch das Zeichen des geschmolzenen Gesichts. Dreijer persifliert damit auch die Option, hinter der Maske ein authentisches Gesicht zu wahren, was Fluchtpunkt vieler anderer Performance-Verweigerungen ist, die in den Zeichen notorische Lügen, falsche Bilder sehen. Das überbekannte Gesicht ist in der facialen Gesellschaft demnach nicht nur mächtig, es ist auch entleert, anonym.

Diese Kritik übt, in Auseinandersetzung mit Machos Postulat, der Kunst- und Bildwissenschaftler Hans Belting mit seinem Begriff ‚Faces' (vgl. Belting 2013, S. 215–217). Sie sind das Futter der facialen Gesellschaft; das, was Fotografie und Massenmedien aus dem Gesicht machen, nämlich im Gegensatz zur Maske als offensichtlichem Nicht-Gesicht eine Illusion des Gesichts, eine Simulation von Authentizität und Nähe. Gerade vor dem Hintergrund dieser Neubewertung der Maske als einer Art geringerem Übel kann sie in EDM-Inszenierungen auch zum Refugium des authentischen Gesichts werden, das sich vor Zeichenwerdung, Zirkulation im Warenkreislauf und drohender Inflation schützen will. Wie es Diederichsen für die Hippie-Authentizitäts-Persiflagen Frank Zappas festhält, bleibt der Fluchtpunkt auch hier eine Verzweiflung im Angesicht mangelnder oder bedrohter Authentizität; gerade, wenn das Stichwort Präsenz fällt. Im Backstage gibt es weniger Dissidenz als Melancholie; die leere Rückseite der Maske eignet sich auch hervorragend als Projektionsfläche für wildeste Träume der Rezeption.

Vor dem Hintergrund dieses Rückzugs der Subjekte hinter die Zeichen, kommuniziert als Absage an die ‚falsche' Bilderwelt, agiert Richard D. James ab Mitte der 1990er Jahre; gestreift habe ich ihn bereits unter seinem Projektnamen Aphex Twin. In den ersten Jahren seiner Karriere folgt er noch eher konventionellen, also abstrakten EDM-Bildprogrammen. Parallel zur Popularisierung von Techno affirmiert James jedoch zusehends seine Verwandlung zum Face. Nicht, indem er eine Maske aufsetzt, sondern sein Gesicht zur Maske macht. Auf den Alben *…I Care Because You Do* (1995) und *Richard D. James Album* (1996), vor allem aber auf

der Single *Donkey Rhubarb* (1995) bildet er sein Gesicht
ab, allerdings (digital) verfremdet, zur Karikatur eines
Smiley, dem Symbol der Rave-Utopie, verzogen, vom
Körper gelöst, ausgeschnitten, serialisiert, als Zitat ausgewiesen. Kurzum: Er nimmt das Schicksal seines Gesichts
in der massenmedialen Verbreitung vorweg und stellt
die Verfahren übertrieben aus, ganz ähnlich, wie Andy
Warhol in den 1960ern nachträglich mit medialen Bildern
Marilyn Monroes oder Maos verfuhr, nur unter anderen
technologischen Vorzeichen (vgl. Belting 2013, S. 229–
230). Es handelt sich also auch hier nicht um eine Verweigerung, sondern um eine massiv zugespitzte und darin
Laibachsche, subversive Affirmation.

Diese visuelle Strategie ist eingefasst nicht nur in ein
Projekt der Intellektualisierung von EDM, die oft unter
dem Namen Intelligent Dance Music gefasst wird und
zu Poschardts Wunderkinderzählung passt; die Person
Richard D. James kultiviert verschiedene Projektnamen,
entzieht sich also immer wieder, lügt notorisch in Interviews (vgl. Dax 2008, S. 19), überfrachtet aber gerade die
Musik unter seinem populärsten, zentralen Projektnamen
Aphex Twin mit autobiografischen Markern. Die digital
manipulierte Fotografie auf *...I Care Because You Do* wird
so auf dem Backcover als Selbstporträt ausgewiesen, das
Richard D. James Album trägt den bürgerlichen Namen
des Künstlers, auf der *Girl/Boy EP* ist sogar der Grabstein
seines fast gleichnamigen, als Kind verstorbenen Bruders
abgebildet. Zudem versteckt er in etlichen Songtiteln
Anagramme, die aber doch stets nur auf oberflächliche
Informationen wie seinen bürgerlichen Namen, seinen
Künstlernamen oder seinen Geburtsort verweisen. Diese
Verweise laufen im Kreis, bringen immer wieder bereits
bekannte Informationen neu verpackt in Umlauf; eine
endlose Verzögerung, immer wieder das Versprechen, nun
doch zur „Wahrheit [...] am anderen *Ende* des Wartens"

(vgl. Barthes 1987, S. 79) zu gelangen, stattdessen gibt es aber nur: noch mehr Warten.

Neue Kontexte gibt es in den Musikvideos zu den Singles *Come to Daddy* (1997) und *Windowlicker* (1999), in denen sich die Maske gewissermaßen materialisiert und auf fremde Gesichter setzt. Der Horror der Serialisierung und des Identitätsverlusts in den Massenmedien wird hier mit Phänomenen wie Brutalismus und Klonen zu Affekt-evozierenden Clips zwischen Kunst und Werbung verwoben (vgl. Karnik 2005, S. 85–89; Keazor/ Wübbena 2007, S. 446–448; Meteling 2006, S. 311– 319; Richard 2001, S. 75–83). Die Diskurse sind reichhaltig, im Kontext dieses Buchs ist vor allem der Kontrast zwischen immer gleichbleibender, unbeseelter Maske und lebendigem Körper entscheidend, der hier mit einer eher unheimlichen als non-binären Note versehen wird, gerade dort, wo auch Geschlechtsmerkmale kombiniert werden. Bei Aphex Twin werden Binaritäten zwar nicht suspendiert, sie bleiben präsent, doch ihr Zusammenspiel irritiert, bleibt in der Schwebe. Ähnlich wie bei Dreijer, deren*dessen groteske Darstellung ja auch zwischen Befreiung von Identität und Leiden an Identitätsverlust changiert.

Die Kulturkritik in all diesen Arbeiten ist ambivalent, was James und Regisseur Chris Cunningham als Künstler im emphatischen Sinn qualifiziert, für (kunst-)wissenschaftliche Diskurse anschlussfähig macht, aber auch die Kontrolle über das eigene Bild sichert; ein Motiv, das auch für Sias Maskierung entscheidend ist. James performt seine Anonymität gerade mit übercodierten, oberflächlichen Markern der Person, die an sich tautologisch sind: das immergleiche Gesicht, die immergleiche Fratze, nur die Unterlage, der Diskurs wechselt. Dabei kippt unsere Gleichung: (X) ist nun die Persona, auf die die Maske (B) verweist, die sich ein anderes Subjekt (A) nicht nur aufsetzt, sondern von dem es besessen scheint, wie die Kinder in *Come to Daddy* oder die verzauberten Frauen in *Windowlicker*. Grundsätzlich ist die Maske damit aber ebenso beweglich wie Sias Perücke und erfüllt einen ähnlichen Zweck: die Persona in den Musikvideos repräsentieren, ohne etwas von ihr erzählen oder ihren Körper ‚unmittelbar' präsentieren zu müssen.

Diese Masken arbeiten bei aller Ambivalenz und Distanz also noch immer unter den Spielregeln der Pop-Musik. Sie zahlen auf die Persona ein, auch ohne ein Gesicht dahinter als Fetisch zu installieren; die Autor*innenschaft geht doch immer auf das Konto einer Person. Jeder subversiven Affirmation wohnt auch eine Affirmation inne, und so mutet es allzu treuherzig-apokalyptisch an, wenn Poschardt angesichts der Aphex-Twin-Musikvideos raunt: „Der scheue Popstar James entzieht sich diesem Begehren [nach einem wiedererkennbaren Gesicht] mit einer zerstörerisch wirkenden Übererfüllung, deren grotesker Transsexualismus die Währung ‚Gesicht' selbst aufzuheben scheint. Die Inflation des Gesichts verhindert dessen Valorisierung" (Poschardt 2004, S. 249). Bei aller Subversion nennt Poschardt das Kind beim Namen, Robert Young bringt es in seiner Geschichte des prägenden britischen EDM-Labels Warp auf den Punkt: „LFO may have had Warp's first big chart hit, but Aphex Twin was Warp's first proper star" (Young 2005, S. 72). Und das Gesicht ist Logo dieses Stars, was gerade bei seiner Rückkehr nach 13 Jahren deutlich wird.

Anlässlich der Veröffentlichung des Albums *Syro* (2014) ist die Maske, im Gegensatz zu den 1990er Jahren, formal ausgestellt: Auf dem Cover des britischen Musikmagazins *Q* hält James sich das ausgeschnittene *...I Care Because You Do* Gesicht vor sein Gesicht, leicht weggedreht, so dass ein ebenso fratzenhaftes Grinsen zum Vorschein kommt; das deutsche Popmagazin *Spex* baut das Gesicht gleich als weiße Hohlform digital nach und präsentiert es massenhaft reproduziert, ohne Gesicht dahinter. 2018 lässt das Kulturmagazin *Crack* das Gesicht als psychedelische Fläche über seine Webseite wallen und wobbeln, 2016 greift sogar die eigene Bildproduktion die Maske auf, aber als ebenso entfremdetes Zitat. Das Musikvideo zur Single *CIRKLON3 [Колхозная mix]* (2016) dreht der 12-jährige Ire Ryan Wyer, der zuvor bereits Aphex-Twin-Fanvideos auf YouTube gepostet hat. Der Clip zeigt dann auch vorrangig Wyer hinter etlichen Filtern mit seiner Familie, im Kinderzimmer, auf der Straße zur Musik tanzend, in Aphex-Twin-Shirts, vor allem aber mit einer Replik des *Richard D. James Album* Cover-Gesichts vor dem eigenen Gesicht. Um Immersion geht es nicht, der groteske Schauer der Cunningham-Videos kehrt hier nur als Zitat wieder; die Konstituenten (das Kind wird durch das Medium besessen und tauscht sein Gesicht) ähneln sich, hier ist das Ergebnis aber eher *cute* als unheimlich.

Gerade in der wiederholten und so verstärkten Uneigentlichkeit offenbart sich nicht nur eine Verfremdung als künstlerische, distanzierende Geste; das Logo tritt so erst deutlich hervor und eignet sich, im Gegensatz zu den wechselnden Masken Dreijers etwa, sogar zur direkten Vermarktung wie im hochpreisigen Aphex-Twin-Merchandise von 2018, das ikonische Elemente seiner Videografie als Ware anbietet. Subversion und Affirmation geraten hier in einen Kreislauf der Wertsteigerung: James über-affirmiert das Gesicht als Logo, stellt so Distanz dazu her, was das Gesicht durch die künstlerische Geste als Logo wiederum valorisiert. Das Gesicht bleibt dabei Markenzeichen; zugespitzt findet sich hier eine Entwicklung, die sich als Verfallsstufe, mithin auch Kippmoment der angestrebten Anonymität vor allem nach der Jahrtausendwende ergibt (vgl. Menrath 2019, S. 39–41). Jene Masken, die eigentlich eine ambivalente Lösung für

das Hadern zwischen Diskursverweigerung und dem
Wunsch nach Distribution und Bewerbung der Musik
bieten sollen, gerinnen selbst zu besonders effektiven
Zeichen, die gleich eine ganze Mythologie installieren.

Prägnantes Beispiel dafür ist das French-House-
Duo Daft Punk: Zu Beginn ihrer Karriere, vor allem
aber zwischen der Veröffentlichung ihres Debütalbums
Homework (1997) und ihres zweiten Album *Discovery*
(2000), maskieren sich die beiden Produzenten mit stetig
wechselnden Masken. Hier steht also performte Anonymität im Fokus. Für *Discovery* kreieren Daft Punk jedoch
ein Roboter-Image, das eine eigene Mythologie mit sich
bringt, noch immer Anonymität garantiert, zugleich
jedoch eine Marke und mit der Maske gleich auch
ein Logo prägt (vgl. Cookney 2015, S. 64–66). Dabei
aktivieren sie die posthumanistischen Fantasien der EDM
ebenso wie die Kraftwerkschen Visionen von der *Mensch-
Maschine,* verdichten diese aber zu einer Comicversion,
deren World-Building wiederum zur Markenbildung beiträgt, die Zeichen immer weiter auflädt und Daft Punk so
bald zu einer bewohnbaren Struktur macht (vgl. Baßler
2014).

Die Idee, als Star nur Roboter, Dienstleister zu sein,
schwingt dabei noch mit, aber gewissermaßen schon konventionalisiert, nicht mehr als Kritik (selbst wenn sie freilich so gelesen werden kann). Finden lassen sich Spuren
dieser Idee auch bei Slipknot mit ihren Overalls und in
anderen robotischen Masken der EDM – um substanzielle
Anonymität geht es dabei aber nur selten. Viel eher ist die
Strategie Teil von Pop-Musik-Inszenierungen, die immer
auf die Persona einzahlen: Selbst wenn James Anonymität durch Entleerung des Gesichts performt, reichert er
durch diese Geste sein eigenes Portfolio an. Die Option
der Maske, als visuell prägnantes, recht stabiles Zeichen
gerade ins Gegenteil zu kippen, überbekannt zu werden,

möchte ich im folgenden Kapitel genauer betrachten. Im Fokus steht, wie die (prägnante, verstärkende) Maske als Logo funktioniert, zu welchen Wechselwirkungen es mit Stilgemeinschaften kommt und welche Chancen sich für die Produktion ergeben, vor allem bei der zeitlichen Entfaltung einer der Medienbiografie.

Die Maske als Logo:
Stilgemeinschaft und Serie

„Das transportable, visuelle Logo Gesicht ist das Zeichen-
objekt, das zwischen der akustischen Produktion einer
Aufnahme und der sozialen Gewalt einer Performance
hilft, einen Alltag zu installieren und zu bestreiten"
(Diederichsen 2014a, S. 13), so habe ich in der Einleitung dieses Buchs Diedrich Diederichsen zitiert. Das
Gesicht steht demnach im Zentrum der Pop-Musik und
hilft Rezeption und Produktion dabei, die verschiedenen
Teile der Medienbiografie zu verbinden, etwas Ordnung
ins Chaos zu bringen. Allgemein formuliert ein Logo „als
Teil des Corporate Design (CD) visuell die Identität des
Objekts, für das es steht", so das *Wörterbuch Design.* „Ein
gutes Logo ist schnell erfassbar, langlebig, technisch viel-
seitig reproduzierbar und im Wortsinn ‚merkwürdig'.
[…] Mit dem Logoentwurf muss die Identität der Person
oder des Objekts sensibel auf den Punkt gebracht werden"
(Herling 2008, S. 259–260).

© Der/die Autor(en), exklusiv lizenziert an Springer-Verlag
GmbH, DE, ein Teil von Springer Nature 2022
S. Berlich, *Who You Think I Am?*, Essays zur Gegenwartsästhetik,
https://doi.org/10.1007/978-3-662-64795-0_5

Das Gesicht leistet diese Repräsentation und ist auch den Gestaltungs- und Reproduktionsprozessen als Face, in der Bildbearbeitung, aber auch in der plastischen Chirurgie unterworfen; die Maske als Designobjekt erfüllt die Funktion des Logos jedoch noch direkter, weniger polemisch, wenn auch, wie gezeigt, semiotisch komplex. Auch das Logo ist erstmal ein Symbol, trägt jedoch Reste der anderen beiden Verweisarten nach Charles Sanders Peirce in sich (Peirce 1983, S. 65–67). Schließlich soll das Logo „auf den Punkt" bringen, also Ähnlichkeit mit dem Image der Marke bieten und diese als Pars pro Toto repräsentieren.

Wo wir von Logos sprechen, befinden wir uns schon mitten in jenem Warendiskurs, der seit Theodor W. Adorno für das Schreiben über Pop-Musik symptomatisch, ohne den kulturkritischen Impetus aber auch nicht falsch ist. Auch bei Macho ist neben der Kulturkritik noch mehr zu holen, wenn er beschreibt, was mit der maximierten Sichtbarkeit des vom Körper gelösten und in den Massenmedien serialisierten Gesichts einhergeht: „Zu den Prämien eines erfolgreichen Aufstiegs zählt ein passiver Sichtbarkeitsmehrwert, eine Art von imaginärem Konto, auf dem die Blicke der Anerkennung akkumuliert werden können, die zur Statussteigerung beitragen" (Macho 1999, S. 126). Dieses Konto wird geführt unter Vorzeichen der „Gesichterflut" (ebd., S. 121), die – wie ja auch Poschardt schreibt – zu „einer Inflation der Gesichter" (ebd., S. 127) führt. Es muss also immer mehr akkumuliert werden, was den Markt weiter ruiniert, aber das eigene Konto polstern kann.

Der Wertverlust ist für Macho qualitativ, das zeigt sich, wenn er schreibt: „Prominenz ist eigentlich ‚tautologisch'" (ebd., S. 132). Das meint zweierlei: Eigentlich ist Prominenz ein hohler, sich selbst bestätigender Begriff, der keine ‚echten' Werte wie Talent oder Authentizität mehr meint; und, für diesen Kontext wichtiger, der Effekt kommt über Wiederholung zustande. Mildert man die polemische Absolutheit der Tautologie ab, lässt sich die Maske als Logo im Grunde so beschreiben, das sie Kontinuität stiftet, sich über längere Zeit kaum ändert, durch Sichtbarkeit Wert steigert und dabei im Sinn „spektakulärer Selbstreferenz" (Venus 2013, S. 65) stets auf sich selbst verweist, also nie nur diskretes Logo ist. Jochen Venus grenzt so die Bildlogik populärer Kulturen von referenziellen (also realistisch verfahrenden) und nicht-referenziellen (also abstrakten) Bildern ab. Spektakulär selbstreferenzielle Bilder sind nur in Gesamtansicht erkennbar, entscheidend ist der markante Stil, der – wie bereits zitiert – „alle Qualia" hochtreibt, reizt, und so markant erkennbar ist.

Das so gestaltete Gesicht mag „durch seine Überproduktion eine schablonenhafte Entleerung oder Verflachung" (Belting 2013, S. 214) erfahren, doch gerade dadurch eignet es sich für eine Valorisierung in populären Begriffen:

> „Wann immer populäre Kulturen einen Aufmerksamkeitserfolg erzielen, kristallisiert an diesem Erfolg sofort ein Konvolut ähnlicher Produkte. Jedes Faszinosum geht unmittelbar in Serie, strahlt aus, metastasiert und bezieht immer mehr Rezipienten in die spezifische Form spektakulärer Selbstreferenz ein. Auf diese Weise emergieren *Stilgemeinschaften normalisierten Spektakels*" (Venus 2013, S. 67).

Die Maske erfüllt ebenfalls diesen Zweck, ist aber per se leer, flach, muss also erst performt und in der Gesamtansicht mit Werten aufgeladen werden, gerade in der Wiederholung. Wie oben angedeutet, eignet sich die Maske jedoch besonders als prägnantes, gestaltetes Logo, das nicht nur eine Marke, also die Persona, über längere Zeit begleiten und so Ordnung stiften kann, sondern selbst als populäres Bild in Serie geht, Teil einer Erzählung und Erkennungszeichen einer Stilgemeinschaft ist. Wie nutzen Produktion und Rezeption nun aber konkret die Maske, vor allem – wie wird ihr Wert gewonnen?

Am Lagerfeuer der Stilgemeinschaft

Ich habe bereits solche Verfahren der Valorisierung beschrieben: Slipknots expressive Logik etwa wertet mediale Gesichter ab und authentisiert über Ästhetik sowie Musik, Lyrics und Interviews die eigenen Masken als Gefühlsausdruck. Die Maske wird so vor allem metonymisch aufgeladen, also über Kausalität und Kontext, zu denen auch Bühnenshows, Artworks, Overalls und nicht zuletzt der jeweilige Körper, die jeweilige Persona gehören. Das Booklet zu Sidos Debütalbum buchstabiert dieses Verfahren mit einer Zeile aus dem Titeltrack *Maske* auf der ersten Doppelseite aus: „Geld, Sex, Gewalt und Drogen". Schon die Gestaltung evoziert eine Logik der Maske: Auf dem Cover ist das Objekt abgebildet, auf der zweiten Seite, also quasi darunter, diese Reihe abgedruckt. Was der Song andeutet („Ich setz die Maske auf und schock die Welt/Ich geb'n Fick ob's euch gefällt/Geld, Sex, Gewalt und Drogen/Ich bin geboren für das Leben ganz oben"; Sido 2005c, TC 00:48–00:57), wird hier durch ein Abziehen, Aufblättern der Maske ver-bildlicht – diese Werte stecken hinter der Maske, sie sind ihr Kontext. Die folgenden Seiten des Booklets stellen dieses Verhältnis nun für jeden Wert in je ein oder zwei Bildern dar.

Sidos Maske findet sich so auf einem Haufen 50-Euro-Scheine, die sogar durch die Schlitze an den Schläfen dringen; im Schoß einer nackten, mit Rosen bedeckten Frau; neben einem Paar Handschellen; neben einer Spritze. All diese Werte, mit denen die Maske hier bildlich und buchstäblich in Verbindung gebracht wird, laden sie mit einem (X) auf. Sido muss dieses (X) wiederum in der Performance verkörpern, den Wert so bestätigen und die Maske dabei weiter mit Bedeutung anreichern – ein zirkuläres Verhältnis also. Ist die Verbindung zwischen Maske und Persona jedoch erst einmal hergestellt, kann sich Erstere auch als Logo verselbstständigen; nicht nur auf dem bereits betrachteten Foto trägt Sido maskiert Merchandise, auf dem die Maske abgebildet ist. Die Konsequenz spektakulärer Selbstreferenz realisiert das Bild in sich, durch das käufliche Merchandise gibt es jedoch auch ein konkretes Angebot an die Fans.

Dieses Angebot erschöpft sich nicht im konsumistischen Stimulus, zunächst ist es ein offenes Angebot, das alle populären Kulturen machen: Stilgemeinschaften um spektakulär auf sich selbst verweisende Zeichen zu bauen und die entworfenen Welten zu bewohnen. Diederichsen hat dies für Pop-Musik-Kulturen zunächst mit Totem-Sounds beschrieben; bestimmte Klangmerkmale, markante Phrasierungen, Produktionskniffe, die als Signum eines Stils fungieren (vgl. Diederichsen 2014a, S. 115–119). Aus diesen Zeichen bildet sich, so Thomas Hecken, ein „Stilverbund. Ein Pop-Gegenstand kommt niemals allein. Nicht nur gehören zum Pop-Objekt der Aufdruck und die Verpackung bindend dazu, ein spezieller Gegenstand steht auch in einer Reihe mit Dingen aus anderen Bereichen. Der Musikstil z. B. ist mit einer Frisur, einer Hose, einem Auto, einer Attitüde verbunden" (Hecken 2012, S. 99). Das zentrale Zeichen einer spezifischen Gemeinschaft, eines spezifischen Fantums ist nun das Gesicht oder eben die Maske, die im Gegensatz zum Gesicht aber nachgebaut werden kann.

Nicht nur ein Bild der Maske besitzen, sondern eine eigene Maske ganz im Sinne Hebdiges einem populären Bild nachempfinden: Das ist womöglich das konkreteste Angebot der starren Maske (B). Im Grunde kann sie jedem (A) aufgesetzt werden und verweist in diesen Fan-Fällen primär auf die Persona (X). Die Maske ist nicht nur ein Emblem, das ich auf einem T-Shirt repräsentieren kann; ich kann meine Identität mit einer anderen, präfigurierten Identität zeitweise überschreiben und in diesem Prozess eine neue Identität generieren. Diese Identifikation mit dem Star wird durchaus medial vorgezeichnet, etwa durch die maskierten Kinder in Sidos Musikvideo zu *Schlechtes Vorbild*, aber auch schlicht dokumentiert; dies vor allem bei Slipknot, deren als *Maggots* (dt. Maden) bezeichnete Fans einen umfassenden Maskenkult pflegen. In *of the (sic): Your Nightmares, Our Dreams* steht Shawn Crahan in Clownsmaske etwa einem ebenfalls maskierten Fan gegenüber; in der knappen, kontextlosen Szene ist nicht erkennbar, welche der beiden Masken das Original und welche das Zitat ist (Slipknot 2009, TC 14:36–14:41).

Auch im Publikum sind Nachbildungen der Masken Crahans, Jim Roots und Chris Fehns erkennbar (ebd., TC 22:12–22:13). Letztere kehrt später in einer deutlich selbstgebastelten Variante, gepaart mit einem dunkelblauen Slipknot-Overall, wieder (ebd., TC 38:57–38:59). Mehr und systematischer noch erscheinen diese Masken auf der Live-DVD *Disasterpieces* (2002) besonders in einer kurzen Sequenz, die eine Autogrammstunde der Band in Paris dokumentiert. Hier treten gleich mehrere maskierte Personen auf, die teils sehr direkt (Pinocchio), teils eher frei (Gasmasken) und teils gar nicht (Goofy-Maske) auf das Inventar der Band verweisen. Vor allem handelt es sich hierbei jedoch um ein hervorragendes Beispiel für die Feedbackschleifen der Pop-Musik: Slipknot bieten die Masken durch ihre (potenzielle) Übertragbarkeit zur Identifikation an, die DVD verstärkt diesen Effekt durch die Integration von Bildern aus Kameras, die während des aufgezeichneten Konzerts in der Londoner Docklands Arena an den Masken der Mitglieder angebracht waren. Der Rücken der DVD verspricht den unmittelbaren Blick durch die Gucklöcher: „Witness the onstage havoc firsthand – through the masks of the band" (Slipknot 2002). Manche Fans setzen das Angebot konkret mit selbstgebauten Masken um, Slipknot inszenieren diese Adaptionen wiederum auf ihrer DVD und stabilisieren damit den Stilverbund.

Mittlerweile verkauft die Band über ihren Webshop für 35 bis 40 US$ Nachbildungen ihrer aktuellen Masken, zudem gibt es in Europa für 49,99 € eine Sturmhaube mit einem Logo der Band. Signifikanter ist jedoch eine Maske, die zur Veröffentlichung des dritten Studioalbums *Vol. 3: The Subliminal Verses* (2004) angefertigt und angeboten wurde: die ‚Maggot Mask'. Diese scheinbar aus gegerbtem Leder (die tatsächlich käuflichen Versionen bestanden wohl aus Latex) bestehende Maske mit einer Lasche an der Stirn, weist nur kleine Gucklöcher und eine Mundöffnung mit Reißverschluss auf. Statt ein Mitglied der Band zu signifizieren, weist diese Maske den Fans einen, wenn auch uniformen Platz in der Mythologie der Band, als zehntes Mitglied, zu (Preis: 30 US$). Die Maske als Logo geht hier doppelt in Serie: Ein neues Modell erscheint, und zwar direkt als industrielles Produkt.

Slipknot laden diese Maske zusätzlich auf; zunächst ist sie auf dem Cover von *Vol. 3: The Subliminal Verses* abgebildet, teilansichtig und so verfremdet, dass sie auch als abstrakte Darstellung eines menschlichen Oberkörpers durchgehen könnte. Detaillierter sichtbar ist sie im einige Monate später veröffentlichten Musikvideo zur Single

Vermillion. Der Clip kreist um eine junge Frau, die sich signifikant langsamer als ihre Umwelt bewegt, so dass Kommunikation mit dieser unmöglich ist. Kontaktaufnahme gelingt ihr lediglich mit einem erst verpuppten, dann verstorbenen Schmetterling und in zwei kurzen Sequenzen mit Slipknot. Letzteres läuft in jenem Modus, den Fernand Jung und Georg Seeßlen für die Begegnung mit dem Monster festhalten: „Seine Form der Interaktion ist das Ritual, umgekehrt versteht es nur dieses, das heißt, es reagiert nur auf rituelle Vorgänge" (Jung/Seeßlen 2006, S. 80).

Der Ritus besteht im Anlegen der Maggot Mask durch die Protagonistin, woraufhin hinter ihr nach und nach alle neun Bandmitglieder maskiert erscheinen und sich kurioserweise vor Ort zusätzlich mit den speziell für dieses Album angefertigten Totenmasken maskieren. Mit diesen treten sie in einer zweiten Szene in Erscheinung, in der sich die Mitglieder zwar schneller als die Protagonistin bewegen, einzelne Mitglieder aber nacheinander mit ihr kurz interagieren können. Diese Szenen bleiben im Hinblick auf den Plot fragmentarisch, erweitern jedoch die Symbolik des Videos und seiner (gesellschaftlich) isolierten Protagonistin. Gemeinschaft findet sie mittels einer Maske im Kreis der Neun, in ihren privaten Räumen, zumindest für den Moment. Was in dieser fantastischen Handlung Andeutung bleibt, ist im Webshop ein ganz konkretes Angebot, das sich im Jugendzimmer nachstellen lässt. Wäre man an Kulturkritik interessiert, ließe sich das als zynische Konsequenz der Anonymisierung der Massen in der facialen Gesellschaft begreifen.

Die Ware ist nun ohnehin der Punkt, an dem sich Produktion und Rezeption als Protagonistinnen der Pop-Musik treffen und in endlosem Feedback austauschen. Die Maske bedeutet dabei für die Produktion jene Effekte etwas besser kontrollieren zu können, die Diederichsen mit Roland Barthes' Begriff ‚Punctum' beschreibt. Das Betrachten von Fotografien, so Barthes, besteht aus Momenten des Studium, die die Gestaltung nachvollziehen, und des Punctum – jener Momente, in denen sich der Rezeption ein Geheimnis offenbart, höchst subjektiv, ein Privileg indexikalischer Künste (vgl. Barthes 2016, S. 52–70). Dieses Punctum reizt an der Pop-Musik, doch das Problem der nach Diederichsen daher auch unmöglichen Produktion ist, eben dieses Punctum nicht kontrollieren zu können, so wie die gesamte Rezeption (gegen die Frankfurter Schule) nicht richtig in den Griff zu kriegen ist (vgl. Diederichsen 2014a, S. XIX–XX). Die Maske, so wie ich sie hier lese, und wie sie etwa Slipknot einsetzen, ist weniger kontingent als das Gesicht. Das bietet Vorteile, etwa ein konkretes, besser gestaltbares Angebot an identifizierungswillige Fans mitsamt des Versprechens einer Wahrheit hinter der Maske, aber auch Nachteile, etwa die Frage, woher jetzt das Punctum kommen soll, wie Prozesse des Alterns etc. zu kommunizieren sind, um eben nicht in Tautologie aufzugehen, oder wie diese nun ja nicht direkt an der Mimik erkennbare ‚Wahrheit' inszeniert werden soll.

Zunächst muss dieser Mangel an Wahrheit kompensiert werden – dazu ist es unerlässlich, die Maske als authentischen Ausdruck der Persona zu deuten, was, wiederum mit Susanne Knaller, die Rezeption leisten muss (vgl. Knaller 2006, S. 32). Wie im Fall des Logos geht es um ein Repräsentationsverhältnis zwischen Zeichen und Bezeichnetem, das Äquivalenz ergeben soll. Der Kulturwissenschaftler Dean MacCannell hat diesen Prozess als Spektakel beschrieben: Das Spektakel kommt zustande, wenn Produktion und Rezeption das Ikon gemeinsam ‚hochhalten', die Ähnlichkeit zwischen Zeichen und Bezeichnetem beglaubigen (vgl. MacCannell 1986,

S. 426–427). Beide Parteien sind also an der Bedeutungsproduktion beteiligt, die vor allem zwischen Ideal und
Darstellung, Versprechen und Einlösung, Logo, Werbung
und Produkt abgleicht. MacCannells Beispiele sind
eher schlicht und sehr auf den Charakter der Äquivalenz
bedacht (eine menschliche Kanonenkugel repräsentiert
dann etwa furchtlosen Wagemut; vgl. ebd., S. 422), im
Kontext der Pop-Musik verlaufen die Verweise jedoch
verzweigter. Gerade Indizes sind maßgeblich an diesen
Beglaubigungsakten beteiligt, nicht nur, weil sie (wie der
durch von Appen ins Spiel gebrachte Schweiß) als Folge
auf etwas verweisen. Sie sind eher aufgrund der Versprechen beteiligt, die Pop-Musik als indexikalische Aufnahme gibt und die wiederum im Konzert eingelöst
werden. MacCannell denkt das Spektakel ohnehin live,
doch lassen sich seine Thesen auf aufgezeichnete Performances übertragen. Die dort gegebenen Versprechen
werden teils schon in der einsamen Rezeption eingelöst
oder, weiter noch, als aufgezeichnete Rezeption (etwa Jubel
bei Liveaufnahmen) direkt in die Aufnahme integriert. Die
Beglaubigung ist dann quasi schon im Werk mitgeliefert.

Hierfür gibt es erneut in Slipknots Konzertfilm
Disasterpieces eine bezeichnende Szene, in unmittelbarem
Anschluss an die bereits erwähnte Autogrammstunden-
episode: Der Film schneidet zurück in die Dockland
Arena, überblendet dabei die Bühne mit einer frontalen
Aufnahme des frenetisch jubelnden Publikums. Das Intro
des Songs *Iowa* ertönt vom Band, noch ohne Schlag-
zeug, die Bühne ist in schummrig-blaues Licht getaucht.
Einen Takt, nachdem das Schlagzeug (hörbar live) ein-
gesetzt hat, verstummt das Playback und blitzende Spots
richten sich auf den nun alleine spielenden Joey Jordison.
Die Bühne, auf der sein Schlagzeug steht, schraubt sich in
einer 360°-Drehung nach oben und kommt zum Stehen.
Kurz darauf endet der erste Teil des Solos, Jordison deutet

mit der rechten Hand auf das schon zuvor jubelnde
Publikum, eine Verbeugung imitierend; der Jubel schwillt
an. Jordison nimmt das Solo wieder auf, die Bühne neigt
sich um 90° nach vorne – er spielt nun gewissermaßen
gegen die Schwerkraft. In dieser Position dreht sich die
Bühne 180° um die eigene Achse – als diese Drehung voll-
endet ist, erlöschen die Scheinwerfer und unter Jordison
erglimmt ein rotes, auf dem Kopf stehendes Pentagramm.
Erneut intensiviert sich der Jubel, die Kamera zoomt
auf euphorisierte Gesichter im Publikum, *mano cornuta*
(vulgo: Pommesgabeln) werden in die Luft gestreckt. Die
Bühne kippt nun wieder in die Horizontale, schraubt
sich um 180° in die ursprüngliche Position zurück. Dort
angekommen, steht Jordison auf, schlägt einige letzte Male
auf die Toms, zeigt dem Publikum den Mittelfinger seiner
linken Hand, wirft die Drumsticks beiseite und verlässt
die Bühne. Das Publikum skandiert nun seinen Vornamen
(Slipknot 2002, TC 51:46–54:30).

Zunächst wird hier eine durch das Schlagzeugspiel
auf vorherigen Tonträgern versprochene, handwerkliche
Authentizität mitten im Spektakel inszeniert – die aufgezeichnete Reaktion des Publikums führt wiederum
produktionsseitig vor, dass es wirklich so war, dass die
Leute Teil eines Wunders wurden. Doch es stellt sich noch
ein Effekt ein, verbunden mit Jordisons erst (ironisch)
respektvoller, dann impulsiv respektloser Interaktion mit
dem Publikum, das beides mit Jubel quittiert. Eigentlich
ja eher Ausdruck der Verachtung, scheint das Zeichen hier
entschärft; auch während der Autogrammstunde, also in
der Montage unmittelbar vorab, kam es mehrfach zum
Einsatz. Jordison inszeniert sich hier als Persona, die weder
gesellschaftlichen Umgangsformen noch der Schwerkraft
Respekt erweist, die Fans teilen das durch Imitation und
Jubel. Trotz des Furors und Aufwands, der hier entfesselt
wird, bleibt Jordison kontrolliert, jede Geste sitzt – so, wie

es seine ausdruckslose Maske verspricht. Auch zwischen Instrument und Maske ergibt sich Kongruenz: das Schlagzeug spielt keine Noten, ist nicht auf Harmonien, sondern im Grunde auf stoische Präzision hin ausgelegt, zur nuancierten Expression denkbar ungeeignet. Das Publikum hat die Äquivalenzen zwischen Aufnahme und Auftritt, Maske und Darbietung, sozialem und theatralem Verhalten beglaubigt.

Die Maske in der seriellen Produktion

Das Logo leistet aber noch mehr: Nicht nur hält es den Stilverbund zusammen, symbolisiert die Mythologie, lädt sich mit dieser auf und ist auf die Beglaubigung in Konsum und Feedback angewiesen – auch über einen längeren Zeitraum muss das Logo wiedererkennbar sein. Die Maske kann das, zumindest theoretisch, effektiver leisten als das Veränderungen ausgesetzte Gesicht. Das Gesicht bzw. die Maske ist verlässliches, zentrales Zeichen der Medienbiografie, die durch Rezeption und Produktion auf mehreren Kanälen chaotisch verläuft, zumindest produktionsseitig jedoch seriell angelegt ist. Pop und Serie zusammenzubringen, ist sicher keine neue Idee, im Gegenteil – erinnert sei allein an Venus' These, spektakulär selbstreferenzielle Bilder gingen direkt in Serie. Wie sich diese Serialität in der Pop-Musik ausprägt, hat die Forschung bislang jedoch kaum diskutiert.

Dabei lädt die Art, in der sich verschiedenste Pop-Musik-Stile für lange Zeit und oft auch heute noch um das Format Album gruppieren, dazu ein, dieses Format als Gravitationszentren innerhalb von Medienbiografien zu begreifen. Roy Shuker fängt diesen seriellen Ablauf produktionsseitig hervorragend ein: „Creating and working-up new musical material for performance, studio and home recording, and touring, and once again back to creating and recording to keep the momentum going" (Shuker 2016, S. 52). Darin kündigt sich bereits die von Umberto Eco als zentrales Prinzip der Serie beschriebene „Dialektik zwischen Ordnung und Neuheit oder Schema und Innovation" (Eco 1988b, S. 167) an – im Grunde wiederholt sich der schematische Prozess, dennoch muss er immer wieder neu erscheinen (auch hier vernachlässige ich eine kulturkritische Konnotation).

Was Eco Schema nennt, ist Machos Tautologie und für das Logo an sich ein Idealzustand; das, was ein Aufsatz von Werner Faulstich u. a. 1997 noch mit Blick auf Fernsehstars als diachrone Kontinuität des Star-Image beschreibt. Diese Kontinuität muss immer wieder hergestellt werden, gegen die Einmischungen der Rezeption und Fliehkräfte der diachronen Entfaltung, die auch für Medienbiografien gilt (ganz im Sinn der Serie; vgl. Kelleter 2012, S. 20–24). Kontinuität denken die Autor*innen auch synchron, dabei geht es um ein zu beglaubigendes Verhältnis zwischen Person und Rolle; diachron ist die Herausforderung, das Gleichgewicht zu halten, sich innerhalb des Image zu bewegen, aber auch Krisen zu verarbeiten (vgl. Faulstich u. a. 1997, S. 27–28). In der Pop-Musik ist das Verhältnis noch komplizierter, da hier Innovation nicht nur Mittel zur Krisenbewältigung, sondern im modernistischen ebenso wie konsumistischen Verständnis der Gattung verankert ist (vgl. etwa Reynolds 2012). Die Maske kann Kontingenzen minimieren: Jeder Blick sitzt, ein Image lässt sich leicht lancieren und über lange Zeit halten. Johannes Gruber notiert zu Sido etwa: „Der Rapper trägt während des gesamten Videos die silberne Maske, die für mehrere Jahre zu seinem Markenzeichen wurde und so als Kohärenz bildendes Mittel der Profilbildung dient" (Gruber 2017, S. 265). Und Corey Taylor betont in der bereits zitierten BBC-Dokumentation, dass ihm die Maske helfe, sich in sein früheres Ich zu versetzen und so innerhalb der Band Konstanz zu stiften (vgl. Coleman 2020, TC 17:40–18:14).

Problem ist die Innovation; hier leistet das Gesicht mehr, ist nicht nur Logo, sondern altert, erzählt eine Geschichte, symbolisiert eine fortschreitende Zeichenkette (also ein Syntagma). Um diese Funktion erfüllen zu können, muss die Maske häufiger als rein grafische Logos kalibriert werden. Viele der in diesem Band besprochenen Personae haben neben ihren Masken auch solche Logos im traditionellen Sinn; Sidos Maske ist auf der Wiederveröffentlichung des Debüts als *Maske X* zwischen Logos eingekesselt und entsprechend klassifiziert. Slipknot branden sich nicht nur durch Barcodes, Overalls und einen Metal-typischen Schriftzug (vgl. Zuch 2011, S. 72–75), sondern haben mit dem Enneagramm, also einem die Mythologie der Band symbolisierenden Neuneck, auch ein konkretes, lange unverändertes Logo. Gerade in Abgrenzung zu diesen Beispielen zeigt sich, wo die Maske Funktionen des Logos erweitert. Hierzu Rainer Zuch speziell für den Bereich Metal: „Das Bandlogo stellt sich als ein entscheidendes Identifikationsmoment heraus, das oft auch dann eine Verortung ermöglicht, wenn das Coverbild diese verweigert. Die meisten Bands oder Projekte variieren zwar in kleinerem oder größerem Maße bei den Covermotiven, aber selten die Typographie ihres Logos, viele gar nicht" (ebd., S. 83). Sicher ist diese Aufteilung nicht absolut zu sehen, entscheidend ist aber die Aufteilung in tendenziell variable und eher stabile Gestaltungselemente innerhalb der Bildsprache einer Persona oder Band.

Die Logo-Funktion erfüllt das Enneagramm für Slipknot, die Masken hingegen ändern sich durchaus. Mit jedem neuen Album erscheinen auch neue Masken, und selbst innerhalb der Zyklen sind die Masken nicht stabil,

wie die von Fans betriebene Webseite *slipknothistory.com*
belegt: Sie wittern, vergilben, werden schmutziger, gerade
zu Beginn der Medienbiografie reißen auch mal Teile ab,
die dann notdürftig geflickt werden – was wiederum die
Ästhetik einzelner Masken bereits antizipiert. Die Masken
erlangen hier Individualität, einen Charakter, der in Akten
der Identifikation von Fans nicht nachgestellt werden
kann; es geht gerade um die Maske mit historischer Tiefe,
die sich in der Zusammenschau aller Masken eines Mit-
glieds noch deutlicher zeigt. Während sich durch die
Addition einer zehnten Maske oder eines zweiten Sets an
Totenmasken eine Dynamik intraserieller Überbietung
abzeichnet, wie sie Andreas Sudmann und Frank Kelleter
für sich mit jeder Staffel selbst überbietende TV-Shows
beschreiben (vgl. Jahn-Sudmann/Kelleter 2012), offenbart vor allem die Variation der Masken in der Spannung
zwischen Schema und Innovation den seriellen Charakter
von Slipknots Medienbiografie.

Die Masken der einzelnen Mitglieder bewegen sich im
Lauf der Zeit auch bandintern zwischen diesen beiden
Polen: Während sich die Masken der beiden Gitarristen
Jim Root und Mick Thomson von Album zu Album
kaum ändern, variieren andere Masken ein Thema, eine
Ikonografie – Joey Jordisons Maske variiert die ausdrucks-
lose César-Maske, Shawn Crahan variiert das Motiv des
Clowns mal als schlichte Aneignung, mal als bandagiertes
Gesicht mit Clownsnase, mal als Metallnachbildung.
Vor allem DJ Sid Wilson tritt jedoch zu jedem Album
mit einer vollkommen veränderten Maske an: Von ver-
schiedenen Gasmasken über einen überproportionierten
Totenschädel und einen Roboterkopf bis zur jüngsten
Inkarnation, einer unter schwarzer Robe ruhenden,
animatronischen Totenmaske seines eigenen Gesichts.

In diesen Variationen wird deutlich, was Holger Schulze
für die Erzählungen der Pop-Musik festhält: „Das meiste

an solcher Pop-Performance erzählt wortlos: die Kleidung auf der Bühne; die Gestaltung von Plattenhüllen durch Hausgraphiker; die Songtitel in den Playlists. Sie alle erzählen weniger durch Semantik als durch stilistische Wahl, durch poetische Funktion" (Schulze 2013). Die Maske kann im Gegensatz zum Gesicht nicht nur altern und modifiziert, sondern komplett getauscht werden und genau in den so entstehenden Differenzen Bedeutung generieren. Mit der poetischen Funktion zitiert Schulze ein Modell, das auf Roman Jakobson zurückgeht und mit den spürbaren Zeichen in Verbindung steht. Sprechen braucht Selektion und Kombination: Selektion bezieht sich auf den Wortschatz, verschiedene Paradigmen ähnlicher Wörter; Kombination folgt Grammatik, Logik, den Regeln des Syntagmas. Die poetische Funktion besteht nun darin, nach Regeln der Selektion zu kombinieren und dadurch für Brüche mit erwartbaren Regeln, mithin auch in festen Abläufen zu sorgen (vgl. Jakobson 1979, S. 94). Sie wirkt aber auch im Prinzip der Serie, das den syntagmatischen Fortlauf immer wieder mit Momenten der Ähnlichkeit stört oder anders, schematische Abläufe wie die Veröffentlichung von Alben mit immer neuen Looks, Konzepten, Themen auffrischt (hierzu auch Decker 2005, S. 418–431).

Die Maske garantiert der Produktion auch hier ein höheres Maß an Kontrolle; Variation kann klar markiert und Kontinuität über Brüche hinweg effektiv gestiftet werden. Solche Brüche ergeben sich in Medienbiografien notwendig, sie sind sowohl Kollateralschäden serieller Formate als auch biografische Notwendigkeit (vgl. Seiler 2011). Sascha Seiler beschreibt solche Brüche in der Medienbiografie der Hardrock-Band Kiss, wenn sich diese etwa als Filmfiguren oder an Progressive Rock versucht. Für Slipknot sind solche Brüche etwa die Neubesetzungen einzelner Posten ab 2014, denen ich mich im übernächsten Kapitel widmen werde, oder die Konsequenz einer Dynamik, die sich aus dem Verweis der Maske auf ein verhülltes (A) ergibt. Anonymität ist zu Beginn meist Bruch mit Forderungen an Starkörper, visuell symbolisiert durch die Maske; die Maske kann jedoch nicht nur zum Logo kippen, sondern auch zur Aufforderung, hinter den Schleier zu blicken. Also genau jene Geste, die Fever Ray im Rahmen der Dankesrede ebenso persifliert hat wie Aphex Twin mit seinen Rätseln, die immer wieder im Kreis führen.

Das Gesetz der Serie fordert irgendwann ein, das in der Reversibilität der Maske angelegte Potenzial zu realisieren, entweder seitens Produktion oder Rezeption. Die Maske ist dabei weniger Zeichen der Dissidenz als erstes Indiz in einem Spiel, einer detektivischen Spurensuche, die versucht, weitere Hinweise aus Interviews, öffentlichen Auftritten oder Details wie Tattoos zu gewinnen, um schließlich auf das Gesicht zu stoßen. Hier ist die Maske nun gerade kein Logo mehr, sondern verhindert bzw. verzögert die indexikalische Abbildung des Gesichts und weckt so ein Begehren nach ihm, das in Zeiten der Gesichterflut ungewöhnlich ist.

Ich und keine Maske: Demaskierungen

Eine besonders schön inszenierte Auflösung eines Masken-rätsels findet sich auf dem Titelblatt der September-ausgabe 2002 des deutschsprachigen *Metal Hammer* (s. Abb. 6). Mittig zeigt sich im Vordergrund am unteren Bildrand, in einem für die Band untypischen, giftigen Grün der Slipknot-Schriftzug, fast wie ein Bild-titel. Der emblematische Charakter ist typisch für die Kommunikation solcher Magazincover, hier zusätzlich ver-stärkt durch das Zusammenspiel mit dem Mann dahinter, dessen schwarzes T-Shirt als Leinwand für den Schrift-zug dient. Der Mann ist von der Brust aufwärts zu sehen, drückt sich beide Handflächen auf seine Ohren, hat die Augen zusammengekniffen und scheint zu schreien. Links hinter ihm steht die obligatorische Liste weiterer Heft-themen, die Ursache des Schreis findet sich rechts hinter ihm; überproportional groß schwebt dort die Maske des Slipknot-Sängers Corey Taylor.

© Der/die Autor(en), exklusiv lizenziert an Springer-Verlag GmbH, DE, ein Teil von Springer Nature 2022
S. Berlich, *Who You Think I Am?,* Essays zur Gegenwartsästhetik, https://doi.org/10.1007/978-3-662-64795-0_6

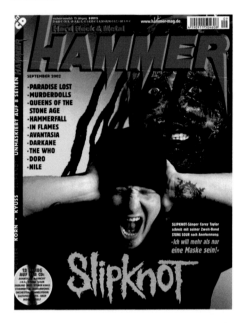

Abb. 6   Cover des Magazins *Metal Hammer,* September 2002

Dass es sich bei dem schreienden Mann um eben diesen handelt, enthüllt ein Schriftzug auf dessen Schulter: „SLIPKNOT-Sänger Corey Taylor schreit mit seiner Zweit-Band STONE SOUR nach Anerkennung: ‚Ich will mehr als nur eine Maske sein!'". Das ist in diesem Kontext auch als Vermittlungsarbeit zu begreifen, wer hier nun in dieser neuen Band spielt: Stone Sour gab es zwar schon vor Slipknot, sie haben sich mit Taylors Einstieg bei Slipknot 1997 aber quasi aufgelöst und hatten es zuvor nicht über den Status einer Lokalgröße hinausgeschafft. 2002, im Jahr nach Veröffentlichung des zweiten Slipknot-Albums *Iowa,* gründen dann einige Bandmitglieder Nebenprojekte, als deren Teil sie unmaskiert auftreten. In diesem Zuge reaktiviert Taylor Stone Sour.

In der Berichterstattung des *Metal Hammer* entsteht nun ein paradoxer Effekt: Wie der Blick in das Heft bestätigt, ist Taylor eigentlich in seiner Funktion als Sänger von Stone Sour auf dem Cover, mit denen er sich – so die Inschrift – als Person und Gesicht profilieren möchte. Performativ führt das Cover jedoch das Gegenteil vor: Slipknot sind die größere Marke, sie prangt auf Taylors Shirt, und eben jene Maske, die er nicht sein will, lauert als übermächtiges Bild hinter ihm. Vor allem geht es jedoch um den Sensationswert der Identifikation zwischen Gesicht und Maske, die neben der in der Collage angedeuteten Dramaturgie ein weiteres, eigentlich vordergründiges Bedeutungsangebot ist. Eine Themenleiste am Rand des Titelblatts pointiert diese Lesart: „SLIPKNOT: UNMASKIERT AUF 8 SEITEN" (ebd.).

Vier dieser acht Seiten behandeln die Person Corey Taylor, seine Biografie, den Effekt der Maske, seine Position zwischen beiden Bands – symbolisiert in einer an der Mittelachse der Doppelseite scheinbar gespiegelten Fotografie Taylors, einmal als Slipknot-, einmal als Stone-Sour-Sänger. Als dieser tritt er dann auf einer weiteren Doppelseite in Erscheinung, gemeinsam mit seinem Kollegen Josh Rand; genannt, aber nicht visuell ausgestellt wird dort auch der ebenfalls in beiden Bands agierende Gitarrist Jim Root. Thema sind auch die Auswirkungen der Demaskierung auf den Mythos Slipknot. Die beiden abschließenden Seiten stellen Joey Jordisons neue Band Murderdolls vor, ebenfalls in Abgrenzung zu Slipknot, ebenfalls illustriert durch einen am Falz gespiegelten Jordison, einmal mit, einmal ohne Maske.

Diese Titelgeschichte stellt den Sensationswert der Gesichter aus, und das, ohne sie selbst demaskiert zu haben. Der *Metal Hammer* wiederholt hier eine Geste, die Taylor und Jordison selbst implizit durch die Veröffentlichung unmaskierter Bandfotos geleistet haben. Damit reiht sich das Magazin in ein Enthüllungs-Journalismus-Paradigma, das Berichte über Slipknot spätestens nach dem ersten, schockierten Abtasten der Oberfläche auszeichnet. Dies fällt in eine Zeit vor den Sozialen Medien, als Bilder deutlich langsamer zirkulieren. Informationen über die Mitglieder, unmaskierte Fotos und zugeordnete Tattoos werden in Foren (etwa für „Vintage to Modern Star Wars Collecting"; vgl. Montoya 2003) getauscht, auf Fan-Seiten gesammelt (vgl. Ash 2004) oder als Insiderberichte in Magazinen nacherzählt, die mit unmaskierten Mitgliedern sprechen durften. So eröffnet Matthias Weckmann sein Interview mit Shawn Crahan zum Album *Iowa* wie folgt: „Slipknot ohne Masken gegenüber zu stehen, dürfte dem Empfinden ähneln, Spock ohne Ohren zu Gesicht zu bekommen. Irgendwie hat man sich das anders vorgestellt: flippiger, extravaganter. Was sich hier tummelt, könnte man als Mischung aus Jeff Goldblum, Dimmu Borgir, dem hässlichen Zwerg an der McDonald's-Kasse und John Goodman bezeichnen" (Weckmann 2001, S. 27).

Das Wissen wird an all diesen Orten exklusiv präsentiert und regt in Feedbackschleifen zu weiteren Nachforschungen an, die wiederum das Bildarchiv füllen, den Körper der Stars kartografieren und sie so trotz ihrer performten Anonymität identifizierbar machen. Durch den Entzug des Gesichts wird mit dem Porträt ein Typ Bild aufgewertet, der eigentlich längst durch Inflation verdorben ist. Besonders gilt das für die Pop-Musik ab den 1980er Jahren, als üppig bebilderte Zeitschriften mit sprechenden Titeln wie *The Face* und Musikvideos Gesichter verbreiten, die Bilder aber auch stärker standardisieren und die Images stärker kontrollieren (vgl. Diederichsen 2014a, S. 398–403). Die Rezeption verliert dabei an Spielraum, kann weniger frei interpretieren und fantasieren. Masken sind ein weiteres, auf die Gesichterflut reagierendes Mittel der produktionsseitigen Kontrolle: Sie rationieren das Gesicht als mögliches Punctum und formulieren die Pop-Musik-Frage ganz konkret als Rätsel im Bild selbst. Weniger geht es in dieser Lesart um Anonymität als gerade darum, die Persona als Leerstelle ins Zentrum der Inszenierung zu stellen.

Bis das Rätsel gelöst ist, generiert die Maske Aufmerksamkeit in einer mit Bildern übersättigten Popkultur. Fraglich ist jedoch, ob diese sehr konkrete Rätselstruktur die eigentlich indirekt gestellte Pop-Musik-Frage nicht auch vereindeutigt, trivialisiert und zeitlich limitiert. Nicht nur den *Metal Hammer* interessiert 2002, ob mit der Enthüllung die Geschichte der Band auserzählt ist, wie bei einem Krimi, der vielleicht nach Lösung des Rätsels in Serie geht, dann aber mit einem neuen Fall, hier also: einer neuen, zu lüftenden Maske mit neuem Gesicht darunter. Und selbst wenn die Geschichte nicht zu Ende ist – kann die Band den Mythos noch aufrechterhalten oder sollte sie nicht, ähnlich wie Kiss rund 20 Jahre zuvor, zumindest temporär unmaskiert auftreten, den Bruch nutzen? Ästhetisch gibt es einen solchen auch über die Anonymität hinaus in der Medienbiografie der Band zwischen den Alben *Iowa* und *Vol. 3: The Subliminal Verses*. Ähneln sich *Slipknot* und *Iowa* in vielen Aspekten (Produzent Ross Robinson; kryptisches Intro; Track vier ist eine Single; ausladender, entschleunigter Closer; etliche ähnliche Masken) und überbieten sich lediglich intraseriell (dunklere Kostüme, drastischere Zeilen, ‚härterer‘ Metal auf *Iowa*), markiert *Vol. 3: The Subliminal Verses* schon über den Titel ein neues Kapitel in der Medienbiografie. Slipknot bleiben allerdings maskiert, haben den Akt der Demaskierung über ihre anderen Projekte quasi an Journalismus und detektivische Fans outgesourct, müssen sich als Slipknot dennoch zu diesem verfügbaren Wissen verhalten.

Noch ein paar Worte zum Akt der Demaskierung, die hier ja in besonderer Form vorliegt. Zunächst handelt es sich dabei um ein im Gegenstand und seiner Reversibilität angelegtes Skript: Die Maske verweist über Ähnlichkeit (‚Ich bin kein Gesicht, aber so ähnlich‘) und Kontext (‚Der Körper, auf dem ich sitze, muss sein eigentliches Gesicht hier gerade mit einem Gesichts-ähnlichen Gegenstand verbergen‘) auf das Gesicht darunter, kann also auch als Aufforderung begriffen werden. In der Maskerade selbst laufen Ver- und Enthüllung, wie eingangs gezeigt, sowieso potenziell parallel ab, welche Geste betont wird, entscheidet die Inszenierung; bei Slipknot ist es eher die Enthüllung („Die Masken […] enthüllen mehr von unseren Persönlichkeiten als sie verdecken"). Traditionell verhält es sich eher andersherum; als Metapher bezeichnet das Entfernen der Maske die Enthüllung einer Wahrheit (Röttgers 2009). Gerade ab der Aufklärung ist die Idee virulent, Lügen wie Masken von Gesichtern abziehen und so zu einer Wahrheit gelangen zu können. Kurt Röttgers definiert: „eine *Demaskierung ist eine ungewollte, erzwungene Enthüllung*" (ebd., S. 71).

Die Maske als Verfahren

Slipknot erfahren als Gemeinschaft eine solche Enthüllung, zwar von einzelnen Mitgliedern ausgelöst, aber zusätzlich von Fans forciert und von Medien als Demaskierung inszeniert. Erschwerend kommt hinzu, dass Slipknot das so zum Vorschein kommende Gesicht nicht als substanzielle Wahrheit inszenieren können; die liegt ja schon seit dem Debütalbum in Masken und Musik. Statt also das Gesicht gegen die immer ja auch als Karikatur lesbaren Masken zu tauschen und Letztere so als Lüge zu enthüllen, den Bruch endgültig zu machen, spielen Slipknot mit der Option ‚Gesicht'. Paradigmatisch gehört diese ohnehin zur Maske, die Band präsentiert die beiden Optionen aber nicht alternativ: Das Gesicht kann in dieser Bildwelt nur durch Masken ausgedrückt werden, die Durchdringung beider Oppositionen wird so ins Bild selbst geholt. Im bereits diskutierten Musikvideo zu *Vermillion* zeigt sich das konkret an den Totenmasken, die das Gesicht nun doppelt vermittelt darstellen: filmisch und zusätzlich über einen durch Abdruck gewonnenen Gegenstand. Zudem präsentieren Slipknot diese Gesichter nicht durch eine Demaskierung; sie setzen die Toten-masken auf ihre regulären Masken, die somit als eigent-liche Gesichter erscheinen. Die Präsentation des erstarrten Gesichts in der Totenmaske wird so als Verstellung des ‚eigentlicheren' Ausdrucks in den regulären Masken semantisiert, die eigentliche Ordnung von Gesicht und Maske in der Maskierung umgekehrt.

Die Totenmasken sind auch im Booklet von *Vol. 3: The Subliminal Verses* zu sehen; es gibt in diesem Zyklus aber auch direktere Darstellungen des Gesichts, vor allem im Rahmen von neun Einzelinterviews auf der zweiten Disc der DVD-Veröffentlichung *Voliminal: Inside the Nine* (2006). Bereits der Titel suggeriert, ähnlich wie *Disasterpieces,* einen Blick hinter die Maske erhaschen und selbst in den Kreis eintreten zu können, allerdings weniger identifikatorisch als voyeuristisch. Das Versprechen auf dem Rücken der DVD lautet diesmal: „Raw. Uncensored. Uncut. Slipknot as never before seen. An Inside and Out-side Look At Two Years Of The Chaos That Is Slipknot" (Slipknot 2006a). In der Tat findet sich auf der ersten Disc eine Art Backstage-Dokumentation, die Material der Tourneen des Zyklus verarbeitet; allerdings zu einer bandtypischen, assoziativen Montage, die übersteuerte Live-Aufnahmen, Anekdotisches und Aufnahmen aus dem Backstage ohne weiteren Kommentar kombiniert.

Abermals wird hier das Bild des chaotischen Haufens beschworen und Äquivalenz zwischen Personen und Musik behauptet. Zugleich sind die Gesichter der Bandmitglieder in diesem ja noch nahe an der Aufführung gelagerten Kontext (ganz gegen das Versprechen des Rückens) zensiert.

Anders dann auf der zweiten Disc, die neben professionellen Live-Mitschnitten und Musikvideos auch neun Einzelinterviews bietet. Hier zeigen sich die Bandmitglieder unmaskiert, werden privat besucht, die Gespräche finden in Wohnzimmern, Heimstudios, Auffahrten statt, also weder im Kreis der Neun noch auf ausgewiesenen Bühnen. Es handelt sich um neun in der Länge zwischen wenigen Sekunden und etwa zehn Minuten rangierenden Clips, die nicht gerahmt sind, etwa durch eine Anmoderation oder ein Intro. Vereinzelt gibt es eine Art einleitende Sequenz: DJ Sid Wilson lässt ein Motorrad aufheulen, der zu spät kommende Bassist Paul Gray wird in seiner Einfahrt begrüßt, Corey Taylor präsentiert seine mittlerweile auseinanderfallende erste Maske. Wie die Clips unmittelbar in Situationen werfen, folgen auch die Fragen keinem Raster, selbst wenn sich Themen wie die Anzahl der Mitglieder, die Masken, das aktuelle Album und die Zukunft der Band wiederholen. Die Identität des Interviewers (Bandfreund, Promoter, Journalist?), der hin und wieder zu sehen ist, wird nicht offengelegt.

Die stark geschnitten und so gerafft erscheinenden Gespräche finden oft in statischen Situationen statt, die jedoch dynamisch gefilmt sind. Zwei (Hand-)Kameras zoomen immer wieder auf Details, wandern in Winkel, die nicht nur den restlichen Aufnahmeapparat aufdecken, sondern die Mitglieder auch zum Teil hinter Objekten verbergen: Taylor hinter einem Stuhl, Jim Root hinter seinem Knie, Crahan hinter einem Flügel. Von Letzterem entfernt sich die Kamera im Lauf des Gesprächs sogar so weit, dass ein Pflanzenblatt im Vordergrund sowohl formal als auch funktional zur Maske werden kann. So verschwimmt Crahan im Hintergrund des fokussierten Blatts (funktional), während das Blatt selbst einer Gesichtsmaske ähnelt, durch die Platzierung vor Crahans Profil, die scheinbare Wölbung und eine zu erahnende Augen- und Nasenpartie (s. Abb. 7). Die Maske wird hier zum Verfahren: So, wie sie das Gesicht in Einzelteile zerlegt und größtenteils verhüllt, bricht hier die Inszenierung den Backstage-Realismus ('Guck, so wohnen wir wirklich, wir sind auch nur normale Leute!') der Hausbesuche auf, verfremdet ihn, einer eigenen, vom Gespräch entkoppelten Logik folgend.

Die Tendenz zu diesen Verfahren der Maske manifestiert sich am deutlichsten bei Craig Jones, in der Band für Samples zuständig und damit ohnehin an kryptischer Stelle positioniert. Jones betreibt kein Nebenprojekt, gibt keine Interviews, variiert seine Maske (Schutzhelm mit Stacheln) kaum und treibt die performte Anonymität so weit, dass in Booklets hinter seiner Nummer teils kein Name, sondern eine weitere Nummer

Abb. 7 Screenshot aus dem Interview mit Shawn Crahan auf der DVD *Voliminal: Inside the Nine* (2006)

steht: 133, abgeleitet von der Megaherzzahl seines zur Bandgründung genutzten Computers. Jones' Clip dauert dann auch nur wenige Sekunden, die Kamera filmt ihn hinter der Ecke eines Hauses stehend, rauchend, sonnenbebrillt, unscharf. Der Interviewer stellt aus dem Off die Frage: „How many people are buried in the back of your house?" (Slipknot 2006b, TC 00:05–00:07). Eine Antwort gibt es nicht.

Slipknot präsentieren damit, ähnlich wie bei der unterschiedlich drastischen Entwicklung ihrer jeweiligen Masken, eine ganze Bandbreite an Positionen zum Format Interview, von der offenherzigen Diskussion biografischer Eckpunkte inklusive Entzauberung der Maske (Taylor) bis zur Verweigerung (Jones). Die Maske ist dabei als Form und Verfahren stets präsent, wenn auch abstrakt, als Schweigen, Unschärfe, Behelfsobjekt oder Bildausschnitt. Ähnlich verfährt auch das Musikvideo zur dritten Singleauskopplung *Before I Forget*. Dem Sujet nach ein klassisches Performance-Video, das die Band beim gemeinsamen Spielen des Songs zeigt, liegt die Besonderheit nicht in dem was, sondern wie wir sehen.

Das Video besteht vorrangig aus stark kontrastierten Detailaufnahmen, deren Hintergrund unscharf bleibt. Der Raum ist in seiner Beschaffenheit ebenso vage-lichtdurchströmt wie die Positionierung der Bandmitglieder zueinander weitgehend unklar. Zusätzlich erschweren schnelle Schnittfolgen zwischen zahlreichen Kamerapositionen die Identifikation. Der Fokus liegt primär auf Körperteilen, die an der Erzeugung der Musik beteiligt sind: Die Hände der Gitarristen, des DJs, die Füße des Schlagzeugers, der Mund des Sängers. Wir sehen die Band unmaskiert, in Alltagskleidung, aber eben nie in Gänze, sondern segmentiert und verhüllt durch Fokus, Bildausschnitt und Mise en Scène, also Verstellung durch andere Objekte – vor allem Masken. Die erzeugen einen performativen Widerspruch: Zwar verweisen sie, gemeinsam mit Markern wie Instrumenten oder Tattoos, auf die Identität der jeweiligen Person im Hintergrund; da die Maske im Vordergrund aber fokussiert ist, verdeckt sie nicht nur Teile der Person, sondern anonymisiert sie auch in Unschärfe.

Die Präsenz der Masken symbolisiert, dass der Mythos Slipknot keineswegs aufgelöst wird; das Musikvideo zeichnet jedoch das Spiel mit der Option ‚Demaskierung' aus, gerade, weil das Verhältnis zwischen den Masken und ihrer Referenz (X) hier so eng auf die Persona fokussiert. Zunächst legt auch die Montage nahe, die einzeln präsentierten Bilder der Körper zusammenzusetzen, ähnlich wie bei einem *Bravo*-Starschnitt. Im Gegensatz dazu gibt es zum Musikvideo aber keine Anleitung, sondern nur komplexe Verweise in Bild und Schnitt, die sich teils auch widersprechen; so ist Joey Jordison etwa einige Male ‚hinter' Paul Grays Maske zu sehen, erkennbar an den unterschiedlichen Instrumenten. Slipknot bieten hier keine raffiniert inszenierte Enthüllung an, stattdessen nutzen sie Verfahren der Maske, um einzelne Teile des bislang verhüllten Gesichts spektakulär zu inszenieren; Identität ergibt sich dabei nicht, wohl aber Intensität, verstärkt durch die Dramaturgie des Songs, ermöglicht aber auch durch die bisherige Rationierung des Gesichts. Der Fokus liegt zudem auf Augen und Mündern, also den Teilen des Gesichts, die auch von der Maske als Objekt in der Regel nicht verdeckt, sondern gerahmt werden. Doch nicht nur die Intensität der Maske, auch die mediale Schnitzeljagd stellt das Musikvideo nach, gerade anhand direkter und endgültig mit dem Körper verbundener Zeichen wie Tattoos (vgl. Fischer-Lichte 2007, S. 107). Diese wiederum verweisen oft direkt zurück in die Mythologie der Band; Thomson und Root tragen ihre Nummer auf der Haut, Fehn hat ein Tattoo seiner Maske.

Am Ende dieser Identifikationsarbeit steht also ein Zirkelschluss; kein authentisches Gesicht, das die Maske und damit die bis dato in der Medienbiografie geleistete Authentisierungsarbeit als Lüge entlarven würde, im Gegenteil. Das Gesicht erscheint hier lediglich als weitere Oberfläche, die – vielleicht etwas frei – nach Fredric Jameson einfach intensiv ist, aber keine historische Tiefe aufweist (vgl. Jameson 1991, S. 9–16 u. 25–27). Am Werk ist stattdessen eine Logik der Serie, der Variation: Ähnlich den vorab diskutierten Performances von Anonymität bei Aphex Twin und Fever Ray gibt es auch am Ende dieses Wartens keine Wahrheit, jedenfalls keine, die nicht vorher schon gegolten hätte. Dem Narrativ der Demaskierung, das auch ein Ende des Mythos und im Grunde dessen Falsifizierung bedeutet, setzen sie eine Alternative gegenüber: Maske und Gesicht werden ineinander verflochten, durcheinander ausgedrückt, das Gesicht als Option abgetastet, letztlich aber als weitere Maske präsentiert. Entscheidend ist weiterhin, das Gesicht zu kontrollieren und rationieren, sowie die Maske als authentisch zu bestätigen.

Die Maske wird so als einzige Option konsolidiert, was trotz zweier Flirts mit dem unmaskierten Taylor für zwei Musikvideos des 2008 erschienenen Nachfolgers *All Hope Is Gone* (*Dead Memories, Snuff*) bis heute gilt. Das Gesicht gehört lediglich zur erweiterten Palette in der Dynamik intraserieller Überbietung, steigert die ästhetische Komplexität, ordnet sich jedoch der Maske als Verfahren unter, die als Logo den durch die Demaskierung verursachten Bruch kittet. Slipknot greifen nur einzelne Konnotationen der Demaskierung auf, um sich in der Musik etwa reduzierter, verletzlicher zu inszenieren und sich so einem Pop-Skript wie ‚Erwachsenwerden‘ zu nähern (vgl. Marshall 2006). Die Dynamik aus Innovation und Schema wird hier symbolisch durch die (paradox verflochtenen) Zeichen Gesicht und Maske eingefangen. Keine leichte Operation, gerade weil die konkret dargestellte Demaskierung immer auch droht, das Spiel zwischen Authentizität und Theater zu offensichtlich einzufangen und damit zu trivialisieren. Ein Potenzial, das Dreijer etwa bei ihrem *P3-Guld*-Auftritt kritisch-subversiv nutzt, indem sie*er die Geste ironisiert.

Noch direkter erahnen lässt sich die triviale Dimension der Demaskierung jüngst auch in zwei Werbekampagnen: 2021 präsentiert die Hardcore-Band Blood Command ihre neue Sängerin Nikki Brummen zunächst in mehreren Postings maskiert auf dem bandeigenen Instagram-Account, die Demaskierung wird über einen Countdown in Aussicht gestellt und schließlich durch ein Foto eingelöst. Sieben Jahre zuvor kreiert die Indierock-Band Kraftklub eine fiktive, in schwarzen Sturmhauben auftretende Punkband namens In Schwarz. Die Identität beider Bands wird spektakulär im Rahmen eines Liveauftritts in der Fernsehsendung *Circus Halligalli* durch eine Demaskierung zum Refrain der Lead-Single *Hand in Hand* enthüllt. Die Demaskierung als Spiel hat sich mittlerweile sogar als Fernsehformat manifestiert: Seit 2015 treten in der südkoreanischen Gaming-Show *King of Mask Singer* maskierte, singende Prominente gegeneinander an, eine Jury muss den Gesang bewerten und die Identität raten, das Publikum wählt am Ende eine Person aus der Show, deren Identität enthüllt wird. Das Format wurde erfolgreich exportiert, unter dem Titel *The Masked Singer* etwa auch in die USA und nach Deutschland. Dass sich die Demaskierung auch als Gag verstetigen lässt, zeigt derweil der EDM-Produzent Marshmello, der nicht nur seinen Namen als Logo auf dem Kopf trägt, sondern bei Auftritten schon mehrfach seinen Helm abgenommen hat, nur um darunter einen anderen Star zu enthüllen.

Sido und seine Maske

Welchen Spielraum eine Demaskierung darüber hinaus eröffnen kann (oder zumindest konnte), zeigt Sidos Medienbiografie. Entgegen Röttgers Definition demaskiert sich der Rapper selbst, aktiviert damit aber im Gegensatz zu Slipknot genau jene Eigentlichkeitssemantik, die Röttgers als typisch für solche Enthüllungen beschreibt. Und das, obwohl Sido den Akt als Spektakel inszeniert und mit der Reversibilität und Paradoxie der (De-) Maskierung nicht nur einmal spielt. Sido kündigt die Demaskierung, ihren Effekt und ihre Umstände schon früh an, in Abgrenzung zum bereits erwähnten Referenzpunkt Ghostface Killah: „Hätte ruhig länger dauern können, die ganze Sache, und er hätte ein Trara drum machen können zu dem Zeitpunkt, wo er die Maske abnimmt. Fand ich ein bisschen schade. Bei mir wird's anders laufen" (Marquart 2004, S. 77). Dafür braucht es eine entsprechend große Bühne und die passende Aufmerksamkeit, die sich exemplarisch erneut auf dem Cover eines Magazins manifestiert: Ausgabe 34/2004 des Jugendmagazins *Bravo* ziert neben einer Collage prominenter Singles auch eine Spalte mit drei bebilderten Kästen, die Heftthemen ankündigen. Der oberste trägt die Inschrift „Sido", zeigt den Rapper mit seiner Maske in der linken Hand, den Kopf leicht nach rechts geneigt und so kaum darunter hervorschauend, zudem noch durch Sonnenbrille und Basecap verdeckt. Die Schlagzeile verspricht: „Exklusiv: Er zieht die Maske aus!" (Bravo 2004a). Im Heft findet sich „Sidos crazy Camp-Tagebuch", der Teasertext darüber verkündet neben dem bereits auf dem Cover abgedruckten Foto: „Heiß: In Chemnitz beim ‚Splash!' lüftete Sido kurz die Maske und führte exklusiv für BRAVO Tagebuch" (Bravo 2004b, S. 14).

Die Betonung liegt auf „kurz", die Bilder enthüllen, wenn überhaupt, nur Details, die zusammen mit dem Einblick ins Backstage (Tagebuch) zu Fantasien und weiteren Recherchen anregen. Das Attribut ‚heiß' betont zudem nicht nur die sexuelle Konnotation dieser Enthüllung, sondern auch die Temperatur der Aufmerksamkeit, die diese „exklusiven" Bilder fordern – das Publikum soll diese hitzig erwarten. Die Maske valorisiert in solchen Fotos das Gesicht, indem sie es nur andeutet, in Aussicht stellt.

Das Warten endet wenige Monate später, im Frühjahr 2005, als große, zweiteilige Inszenierung im Rahmen der Auskopplung der Single *Mama ist stolz.* Nach dem cooldistanzierten *Mein Block* und dem Party-Track *Fuffies im Club* ist dieser Song deutlich gemäßigter, ruhiger in Beat und Vortrag und berichtet von einer privaten, emotionalen Beziehung: der zu seiner Mutter. Dabei zeichnet Sido ein ambivalentes, aber liebevolles Bild seiner Kindheit, das sich dank der drastischen Sprache nach wie vor im etablierten Paradigma bewegt („Wenn's ein Grund gab, gab's auch mal in die Fresse/Doch nur weil sie mich liebt und ich hatte es verdient"; Sido 2005d, TC 01:32–01:38). Das gilt auch für die per Telefon eingesprochenen, vor der dritten Strophe eingefügten, im Musikvideo fehlenden Sätze seiner Mutter, die zunächst in sauberem Hochdeutsch verfasst sind, am Ende aber per Ellipse und Fäkalsprache ausbrechen: „Und all die Wichser, die nicht an dich glauben: Scheiß auf eure Mütter!" (ebd., TC 02:28–02:32). Abgemildert (oder eben abgehärtet) wird der intime Einblick auch durch den Stolz, der härter wirkt als die ja auch zur Beschreibung des Verhältnisses zwischen Mutter und Sohn denkbare Liebe.

Der Umstand, dass die Person hinter der Maske eine Mutter hat, ist zunächst keine Enthüllung; doch es ist ein Bruch mit der via Maske stilisierten, scheinbar von allen Emotionen befreiten Kunstfigur. Der Verweis auf

Biografie und biologische Familie gibt in diesem Kontext eine weitere Teilantwort auf die von der Maske hinausgezögerte, im Intro des Albums *Maske* pauschal den Fans in den Mund gelegte Pop-Musik-Frage: „Wer ist das?" (Sido 2005b, TC 01:52) Das Musikvideo zu *Mama ist stolz* führt analog dazu, neben integrierten Schnipseln öffentlicher Auftritte und speziell gedrehten Szenen an Berliner Orten, ins Backstage, mit wackligen Handyaufnahmen, die sich demonstrativ von den professionellen Bildern einer Fernseh-Pop-Musik-Medialität abgrenzen.

Zwar verhandelt das Video in Gänze Erinnerung, Sido teilt sich dabei jedoch in zwei Figuren: den populären Medienmenschen und Spaßmacher auf der einen, die nachdenkliche Privatperson auf der anderen Seite, markiert über die (fehlende) Maske. Nur in den privaten Aufnahmen, in Hotelzimmern, auf der Durchreise, also sehr konkreten Backstage-Situationen, ist Sido ohne Maske zu sehen, was einen medial und in der Montage markierten Bruch bewirkt. Bis auf eine sehr knappe Einstellung eines sonnenbebrillten Sido erscheint der unmaskierte Sido erst nach dem ersten Refrain. In dessen letzter Szene lässt er sich ein Herz tätowieren, in dem ‚Mama' steht. Ein stereotypes Motiv, das sich hervorragend in die hier geleistete Vermittlung zwischen Intimität und Distanz reiht, vor allem aber erneut eine Modifikation des Körpers, die nicht (ohne Weiteres) reversibel, nicht einfach aufgesetzt ist. Die Maske wird so in ihrer Funktion konturiert, gerade weil an diese Sequenz eine Darstellung des unmaskierten Sido und eine Einstellung der in einem Koffer ruhenden, also offensichtlich abgelegten Maske anschließt. Das Gesicht wird damit, in den entsprechenden (medialen) Räumen, als Option eingeführt, die die Maske nicht bedroht oder gänzlich ersetzt; beide haben ihre Relevanz. Das Gesicht ist aber auch ohne Maske darstellbar, private Offenbarungen sind möglich.

Diese durchaus effektive, aber doch recht dezente, in der Montage implizierte Demaskierung reinszeniert Sido im Rahmen des ersten *Bundesvision Song Contest* im Februar 2005 als Spektakel. Der Rapper tritt in für das Bundesland Berlin mit einer Punkversion der vier Wochen zuvor erschienen Single *Mama ist stolz* an. Flankiert von zwei Berliner Flaggen schwenkenden Cheerleaderinnen betritt der Rapper einen stegförmigen Bühnenzugang, maskiert, in einem Aggro-Berlin-T-Shirt mit darunter heraushängendem Aggro-Berlin-Tuch und einer Sägeblatt-Kette, dem Aggro-Berlin-Logo, um den Hals; er ist also ausgiebig gelabelt. Er rappt die erste Strophe des Songs, schreitet in Richtung der mittigen, runden Bühne, deren Rand er nach dem ersten Refrain erreicht – also genau am Punkt des Bruchs im Musikvideo. Die Regie schaltet nun in die Totale, Trommelwirbel und Rufe erklingen, was auf der Bühne geschieht, ist nicht genau zu erkennen, bis wieder auf diese geschnitten wird. Auf den LED-Bildschirmen rund um die Bühne herum ist ein Bild der Maske zu sehen, Sido rennt von einer zur anderen Seite der Bühne, seine Kleidung ist noch fast dieselbe, er trägt nun jedoch Sonnenbrille, ein rotes, nach hinten gedrehtes Basecap und in der rechten Hand seine Maske (s. Abb. 8).

Diese Maske zeigt er während der zweiten Strophe wie einen Ausweis vor, verbindet seinen Körper durch diese Zeigegeste mit der Maske. Es wird zugleich Identität (‚Ich bin diese Maske‘) und Differenz (‚Diese Maske und dieses Gesicht sind verschieden‘) behauptet – und damit die Paradoxie der Maske in einer Geste der Demaskierung realisiert, präfiguriert bereits ein halbes Jahr zuvor auf dem Cover der *Bravo*. In erster Linie handelt es sich bei dieser Geste um einen plakativen Lektürehinweis an das Publikum, doch darüber hinaus betont die doppelte Zeigegeste auch das ambivalente Verhältnis zwischen Sido und Maske; sie repräsentiert die Persona, bleibt

Abb. 8   Sido zeigt seine Maske beim *Bundesvision Song Contest* 2005

weiterhin präsent, doch ebenso gibt es ein Gesicht, das, codiert durch *Mama ist stolz,* womöglich andere Facetten der Persona repräsentiert. Die (tatsächlich performte) Demaskierung wird im Kontext des Songs als Enthüllung der Person ‚hinter' der Bühnenfigur inszeniert, ohne die Verbindung beider über das Objekt Maske (stellvertretend für die Persona) zu leugnen.

Diese spektakuläre Demaskierung ist nun jedoch nicht nur ein Skript, das in der Maske angelegt ist, einem Enthüllungsjournalismus abgenommen und hier einmalig als Beschleuniger einer Karriere genutzt wird; auch legt Sido die Maske nicht ab, wie die Geste des Vorzeigens und

Parallelisierens ja suggeriert. Viel eher etabliert er eine tatsächliche und metaphorische Bewegung, die er mindestens zwei weitere Male bemühen, und eine Semantik, die seine restliche Medienbiografie visuell moderieren wird. Die eröffnete Opposition zwischen *Maske* (und Bühnenfigur) sowie (Gesicht und) *Ich* fangen auch die Titel der ersten beiden Sido-Alben ein. Auf dem Cover von *Ich* (2006) wiederholt Sido, wenn auch in einem anderen Kontext, die Geste der vorgezeigten Maske und vermittelt so zwischen Innovation und Schema. Maske und Gesicht werden als Optionen parallel weitergeführt, zugleich zitiert er einen Akt der Demaskierung, den besser noch das Cover zur zweiten Single *Ein Teil von mir* einfängt. Dieses zeigt zentriert den Kopf des Rappers, nach links gedreht, während die rechte Hand die Maske abzieht. Hier werden beide Optionen auf kleinem Raum präsentiert, zugleich ist der Akt der Demaskierung in der Bewegung eingefangen, verstärkt noch durch den sich wegdrehenden, aus der Maske schälenden Kopf.

Der Song selbst thematisiert erneut ein Verwandtschaftsverhältnis, das dieses Mal jedoch tatsächlich ein biografisches Geheimnis Sidos enthüllt: Er bekennt sich öffentlich zu einem jahrelang verleugneten Sohn. Die Vaterschaft wird dabei chronologisch erzählt, von der unreifen Beziehung zur Mutter mitsamt ungeplanter Schwangerschaft (erste Strophe) über die Trennung und das vaterlose Aufwachsen des Jungen (zweite Strophe) bis in die Gegenwart und Sidos durch die Lyrics performativ wiederholtes Bekenntnis zu seinem Sohn (dritte Strophe); insgesamt kommt der Song einer Entschuldigung gleich, die Musik ist dazu passend elegisch, mit Streichern staffiert, die sprachliche Gestaltung trotz kleinerer Brüche (der Sohn als „Mini-Me", eine flapsige Anspielung auf die Austin-Powers-Filmreihe) weniger distanziert als bei *Mama ist stolz.*

Dennoch lehnt sich das Stück deutlich an den Vorgänger an, vor allem das Musikvideo greift sowohl Drehorte (Spreepark) als auch die Kombination aus Spielszenen und privaten Videos sowie Gesicht und Maske auf. Erneut sind die Oppositionen an bestimmte Räume gebunden; maskiert ist Sido im verlassenen Spreepark und vor einer Backsteinmauer, unmaskiert in einem heruntergekommenen, an den Keller aus dem Musikvideo zu Eminems *Stan* (2000) erinnernden Zimmer, in dem er seine Geschichte aufschreibt. Markant sind dabei zwei Szenen: Als Sido am Ende der ersten Strophe von der Schwangerschaft erfährt, wird dies durch einen auf einem Waschbecken liegenden, positiven Schwangerschaftstest symbolisiert. Der unmaskierte Sido begutachtet diesen, erblickt dann im Spiegel den maskierten Sido und zerschlägt dieses Zerrbild. Sido muss sich hier den Konsequenzen seiner hedonistischen Regelbrüche stellen, symbolisiert durch den sorglos-distanzierten, maskierten Sido.

Die zweite Szene inszeniert erneut eine Demaskierung: Zu Beginn des zweiten Refrains betritt ein maskierter Sido das Zimmer eines schlafenden Jungen, setzt sich auf sein Bett und deckt ihn zu. Daraufhin nimmt er seine Maske ab, es erfolgt ein Schnitt auf den vor einer Backsteinmauer rappenden Sido, und nach einem Schnitt zurück ins Kinderzimmer legt Sido die Maske auf den Nachttisch des Jungen zu zwei Dinosaurierfiguren, die an ein zuvor gezeigtes Ensemble im Spreepark erinnern. Sido setzt seine Brille auf und beginnt die dritte Strophe. Die Demaskierung symbolisiert die (performative) biografische Enthüllung ebenso wie das inhaltlich erinnerte Bekenntnis zum Sohn. Verantwortung und Erwachsenwerden sind Themen, die sich auch abseits dieses Songs auf *Ich* finden, den bereits erwähnten Pädagogen-Pop vorausahnen lassen und sich bis zum Re-Modeling intensivieren werden.

Ein solches wagt Sido mit seinem vierten Soloalbum
Aggro Berlin (2009), das nicht nur auf neuem Label, in
neuer Kleidung und mit neuer lyrischer Ausrichtung
erscheint, sondern auch von einer dritten Demaskierung
moderiert wird. Diese findet auf drei Ebenen statt: Erstens
implizit, da Sido im Zuge der Albumveröffentlichung
ausschließlich unmaskiert auftritt. Zweitens leitet Sido das
Album mit einem Hörspiel-artigen *Intro* ein, in dem der
Rapper seine personifizierte Maske mit der Begründung,
„jetzt so was wie ein' Neubeginn" (Sido 2009b, TC
00:53–00:54) zu wollen, gewaltsam in einen Schrank
packt. Drittens nutzt Sido das Skript der Demaskierung
im Sinn einer biografischen Enthüllung auf der ersten
Single *Hey Du*. Der Rapper enthüllt hier, in der DDR
geboren und aufgewachsen zu sein, dies aber aus Furcht
vor gesellschaftlicher Ausgrenzung bislang verheimlicht zu
haben (vgl. Gruber 2017, S. 282–289).

Das Skript Demaskierung wird bis zu diesem vor-
läufigen Endpunkt genutzt, um die Persona Sido nach und
nach zu erweitern, behutsam neue Zeichen einzuführen,
die aber kohärent genug sind, um zu den Anfängen der
Medienbiografie anschlussfähig zu sein. Die Kohärenz-
stiftende Funktion der Maske wird auch in der Folge
nicht aufgegeben, vor allem, da Sido in dieser Phase seiner
Karriere auch eine verstärkte Selbsthistorisierung betreibt.
Im Musikvideo zur autobiografischen Single *Bilder im
Kopf* (die den „silbernen Kopf" als Reim schon im Titel
anlegt; 2012) taucht die Maske ebenso auf wie im von
Aggro-Berlin-Mitinhaber Specter gedrehten Musikvideo
zur Bushido-Kollaboration *So mach ich es* (2011), das
die Versöhnung der beiden Rapper nach einem latenten
Zwist in Folge von Bushidos Aggro-Berlin-Weggang als
Gangster-Blockbuster inszeniert. Fast alle Settings (Bank-
überfall, Geheimbund-Initiation, Samuraikampf) zeigen
Masken, der Bezug zu Sidos Maske wird jedoch vor allem

während der Initiation in den nicht näher klassifizierten Geheimbund hergestellt. Der Zeremonienleiter hält einen silbernen Totenschädel in die Luft, trägt in manchen Sequenzen auch eine Totenkopfmaske und bohrt Sido schließlich einen Degen durch ein Totenkopf-Tattoo auf dessen linker Brust. Nach einem Schnitt sind die Mitglieder des Geheimbunds bewusstlos, Sido sitzt nun auf dem Altar und betrachtet den Schädel (Bushido & Sido 2011, TC 03:12–03:49); sicher, ein Hamlet-Zitat, aber auch Sinnbild für Sidos Begegnung mit seiner Vergangenheit als vages Wiedererkennen, als Konfrontation zweier nun getrennter Wesen.

Als Symbol (für die Straße, die Vergangenheit) bleibt die Maske auf den folgenden Alben präsent, im Musikvideo zu *Maskerade* (2013) auch verkörpert, als Sido sich als Vater der damals florierenden Maskenrapper*innen inszeniert, beglaubigt durch Features der Crew Genetikk und des maskierten Marteria-Alter-Egos Marsimoto. Großflächig kehrt Sido jedoch erst mit *Das goldene Album* (2016) zur performten Maske zurück und nutzt so die Reversibilität in die andere Richtung. Hier beginnt, nach höchsten Charterfolgen, eine stärkere Betonung der Identität als Rapper: Die Beats baut Szeneveteran DJ Desue, im Musikvideo zur Single *Hamdullah* zeigt sich *HipHop.de*-Moderator Rooz, abgehangen wird am Block und der Song *Masafaka* thematisiert nicht nur das Verhältnis zwischen Rap und figuriertem, medialem Mainstream, sondern featuret mit Kool Savas den ‚King of Rap'. Sido trägt dazu Maske, im Gegensatz zu *Maskerade* textlich nicht weiter motiviert oder kommentiert; sie taucht zur dritten Strophe im Musikvideo zur ersten Single *Hamdullah* auf, Sido trägt sie auf Pressefotos, sie prangt als Logo auf dem Album selbst.

Dass es sich hierbei nicht nur um eine Erinnerung handelt, zeigt sich an den formalen Änderungen; wobei die auffälligste (Gold statt Silber) ebenfalls auf Sidos Vergangenheit und die Inszenierung als *Goldjunge* (2006) verweist. Im Vordergrund der Re-Maskierung steht dieser Rückgriff, auch als Variation entlang der Leitlinien Schema und Innovation. Es gilt, Kohärenz zwischen Sidos Aggro-Berlin-Phase und Sido im Jahr 2016, als Künstler mit Major-Label-Vertrag, Nummer-Eins-Hit und Eigenheim im Berliner Speckgürtel herzustellen. Sound und lyrische Ausrichtung variieren die Aggro-Berlin-Jahre, die Maske visualisiert diese musikalische Geste: Damals mit Werten wie ‚Block' und ‚Härte' semantisiert und später als Erinnerungsstück modifiziert, kehrt sie nun in beiden Funktionen wieder, aber nicht als Bild im Fotoalbum eines nun Bürgerlichen, sondern performt und damit, wie der Gründungsmythos des Rap, in der Gegenwart aktualisiert.

Fast stärker noch tritt diese Funktion im Zyklus des folgenden, vollständig mit Kool Savas aufgenommenen Albums *Royal Bunker* (2017) auf, in dessen Rahmen die beiden ihren aktuellen Erfolg zelebrieren, sich aber vor allem auf ihre gemeinsamen Anfänge im titelgebenden Berliner Freestyle-Café beziehen und den aktuellen Stand der Szene mit dieser Zeit abgleichen (vgl. Berlich/ Grevenbrock 2021). Die Maske, hier nun in stark abstrahierten, aber die Ikonografie des frühen Sido aufgreifenden Räumen (Hochhaus, Keller, dunkles Zimmer), signifiziert diese Vergangenheit, vermittelt aber auch zwischen Erfolg und Underground, zwischen Ausverkauf und Integrität; ein Vorwurf, dem vor allem Sido mit Zeilen wie „Du behauptest, ich mach' das hier nur noch für den Zaster/Doch ich stepp' ans Mic und rolle über Hip-Hop wie ein Laster" begegnet (Savas & Sido 2017, TC 01:25–01:30). Das bis dato letzte Studioalbum des Rappers *Ich und keine Maske* (2019) greift in vielerlei Hinsicht auf etablierte Skripte zurück (der Titel variiert das dritte Album und ruft die Maske in der Verneinung auf;

verbundenen, potenziell unendlich zirkulär abspul-
baren Skripte ‚Demaskierung' und ‚Maskierung' bieten
die Möglichkeit, sich zusätzlich zu variierenden Masken
zwischen Schema und Innovation zu bewegen, wobei
sich an Gesicht und Maske im Lauf der Zeit immer mehr
Bedeutung anlagert. Grob lässt sich Sidos Medienbiografie
entlang dieser Bewegung in drei Akte teilen, wobei die
Struktur eigentlich deutlich kleinteiliger, gradueller und
vor allem verzweigter verläuft. Wo die erste Zäsur durch
den „Neuanfang" ohne Maske markiert wird, konstituiert
die zweite Zäsur gerade die erneute Maskierung, die ebenfalls als Weg zur Eigentlichkeit semantisiert ist; aus der
schillernden Medienwelt zurück zum Rap. An eben dieser
Geste lässt sich besonders deutlich ablesen, dass Gesicht
und Maske bei Sido zwar Kontur haben, aber erstaunlich
effektiv situativ eingesetzt werden können.

Die Maske doppelt also nicht nur die Persona, sie kann
durch ihre inhärenten Skripte auch Schlüsselmomente
inszenieren, immer wieder zwischen Bühne und Backstage
vermitteln, Brüche kitten (Slipknot) und ein Re-Modeling
(Sido) anschieben. Im Sinne der Dynamik serieller Überbietung generiert sie Innovation und steigert Komplexität –
prägnant in Szene gesetzt, als Spektakel und Intensität, die
ihren Wert aus dem rationierten Punctum speisen.

Das unbewegliche Gesicht II: Maske und Tod

Der Tod zieht sich motivisch durch dieses Buch, spielt in Genealogie und Ästhetik der Maske eine ebenso große Rolle wie im Diskurs um Pose und Coolness, zunächst möchte ich jedoch einen Blick auf das Gesicht „als Zeuge gegen den Tod" (Belting 2013, S. 215) werfen; zugegeben wohl nicht ganz Beltings Vorstellung entsprechend. Als Slipknot-Bassist Paul Gray im Mai 2010 stirbt, geben Band und Familienangehörige eine Pressekonferenz in Des Moines. Die Musiker nehmen unmaskiert teil. Es ist einer der eingangs zitierten „wiederkehrenden großen Todesfälle" (Diederichsen 2014a, S. 135) der Pop-Musik, in denen sich die Person und ihr Körper besonders markant offenbaren und sich ein Raum für unmittelbare Eigentlichkeit öffnet. Mitschnitte dieser Veranstaltung sind auf YouTube verfügbar und werden bis heute frequentiert, verstärkt vor allem im Sommer 2021, nach dem Tod des 2013 aus der Band entlassenen Schlagzeugers Joey Jordison.

© Der/die Autor(en), exklusiv lizenziert an Springer-Verlag GmbH, DE, ein Teil von Springer Nature 2022
S. Berlich, *Who You Think I Am?,* Essays zur Gegenwartsästhetik,
https://doi.org/10.1007/978-3-662-64795-0_7

Die Kommentarspalten dieser Videos sind nicht nur ein Ort des Gedenkens, sondern auch für Gesichterlektüren, die Reaktionen nach Intensität und Angemessenheit beurteilen. Unter dem Mitschnitt der Tageszeitung *Des Moines Register* bezeichnet der User Jon Franke etwa den Schmerz in Cory Taylors Augen als „just unreal" (DMRegister 2010), bei anderen Mitgliedern gilt ein anderer Maßstab. Levi Griffin schreibt: „Craig jones coming out unmasked says enough about how much he cared about Paul, he didnt have to say anything but he still got his point across" (ebd.). Mick Thomsons mangelnde Reaktion, als ihm das Mikrofon gereicht wird, kommentiert derweil User Enrique Rivas unter dem Video des Radiosenders *Lazer 103.3* lakonisch: „4:57 mick isnt even bothered to help lol" (Lazer 103.3 2010).

Der Informationsgehalt der Pressekonferenz ist nachrangig, von Boulevardpresse und Kommentarspalten werden diese Videos als Inszenierung der Band Slipknot wahrgenommen und die Performance der Mitglieder im Abgleich mit ihrem Image diskutiert. Dass Jones trotz seiner sonst konsequent performten Anonymität unmaskiert auftritt, ist ebenso signifikant wie die Emotion in Taylors Augen. Hier ist die Expression des lebendigen Gesichts, der unmittelbare Ausdruck von Emotion, gegen die Starre des Todes gefordert, die Slipknots Masken sonst trotz aller expressiven Gestaltung auszeichnet. Gerade dadurch eignen sich die regulären Masken jedoch auch als selbstgewählte Totenmasken avant la lettre, die dem Gesicht nicht postmortal abgenommen werden müssen. Diese Masken sind öffentliche Gesichter, die sich nicht ändern, die nicht mit dem Körper vergehen, die bleiben. So setzen die übrigen Mitglieder Grays Schweinemaske auch im Rahmen der Memorial World Tour ein, die sie zwischen Juni 2011 und August 2012 spielen. Der Platz des Bassisten bleibt leer, der bereits 1996 ausgestiegene

Donnie Steele spielt das Instrument aus dem Off. An Grays Stelle stehen die Maske, sein roter Overall und E-Bass; gemeinsam verweisen sie, ähnlich wie zuvor im Video zu *Before I Forget,* auf ein mit ihnen assoziiertes, abwesendes (X), das nun aber der ehemalige Träger (A) ist. Die Maske (B) ist so endgültig zum Symbol erstarrt, wird nicht mehr performt, sondern ist in einen mythischen Zustand der Zeitlosigkeit eingetreten, in dem dann auch die sonst strikt chronologisch geordneten Masken der übrigen Mitglieder aus den Fugen geraten.

Wie sehr die endgültig erstarrte Maske das Erbe der Persona visualisiert, zeigt eine 2011 ausgestrahlte Episode der TV-Show *NY Ink,* in der sich Taylor ein Porträt des maskierten Gray stechen lässt. Der materielle Transfer von der reversiblen Maske zum (nahezu) irreversiblen Tattoo markiert erneut den endgültigen Status dieses erstarrten Gesichts, verdeutlicht jedoch auch, wie sehr die Maske das Porträt, die Bildwerdung bereits affirmiert. Das Gesicht muss nicht mehr, wie Macho bemängelt, vom Kopf gelöst werden, als Maske ist es bereits Bild. Als Logo funktioniert sie ähnlich, hier ist sie nun jedoch von einer weiterlaufenden Produktion, einer Persona entkoppelt. Das Logo ist zum Epitaph geworden.

Deutlich lässt sich dieser Prozess auch an den Reaktionen auf den am 31. Dezember 2020 publik gewordenen Tod MF Dooms ablesen. Ein Gros der Kondolenzbekundungen ist mit Bildern des maskierten Rappers versehen; unter den übrigen Bildern übertreffen die von der Maske ohne Dumile die von Dumile ohne Maske. MF Doom hat seine Maske nicht nur effektiv als sein öffentliches Gesicht installiert, sondern die Nutzung der Maske als entkörperlichtes, überzeitliches Logo bereits mit dem Cover seines letzten Soloalbums *Born Like This* (2009) antizipiert. Darauf wird die Maske, wie aus Stein gemeißelt, neben einer antiken Texttafel präsentiert, prähistorischen Funden gleich, raumlos nebeneinander platziert. Statt diesen Spuren zu irgendeiner Quelle zu folgen (zu prähistorischen Mythen, zur Geburt, einem authentischen Körper), illustrierten einige Kondolenzbekundungen eher das Verschwinden des Körpers hinter der Maske, die nun als reines Zeichen zurückbleibt.

Gekonnt fängt diese Bewegung eine vielfach geteilte Illustration der Instagram-Userin amoxiliion ein (s. Abb. 9): Als Ausgangsmaterial nutzt sie das anspielungsreiche Cover des Albums *Mm.. Food* (2004), auf dem MF Doom an einem Tisch sitzt (und scheinbar zugleich unter ihm kniet), draußen scheint der Mond, auf dem Tisch stehen Milch und Müsli. Auf amoxiliions Version liegt nun die Maske ebenfalls auf dem Tisch, beide Körper sind verschwunden. Der Blick hinter die Maske interessiert nicht, es geht um das durch die Maske symbolisierte Vermächtnis, das stabiler ist als die Person. „I drew the piece as a reminder that although the man behind the mask is gone, his mask

Abb. 9 Illustration von amoxiliion zum Tod von MF Doom, 2020. (© L. Song Wu)

still remains" (amoxiliion 2021), schreibt amoxiliion am 5. Januar auf Twitter, nachdem ihr Bild über Reddit popularisiert wurde und nun auch auf anderen Plattformen zirkuliert. Die Maske steht hier stellvertretend für das künstlerische Erbe, die diskrete Kontrolle über das Gesicht noch im Tod, kein ewiges Herumgeistern einer kontingentfotografierten Oberfläche.

Totenrituale in der Kulturindustrie

Dieser Vorwurf findet sich in Beltings Kritik der Faces: „Während die Bilder privater Toter immer noch an einen Verlust erinnern, lächeln die öffentlichen Toten im Augenblick ihres Todes noch einmal aus den Medien" (Belting 2013, S. 215). Statt also aus der Öffentlichkeit zu verschwinden und privat, diskret erinnert zu werden, bleiben die Faces in der medialen Sphäre als Untote erhalten, suchen, nicht mehr alternd, immer dann heim, wenn eine zu bebildernde Neuigkeit nach ihnen verlangt. In gewisser Weise ist das freilich Teil des Wesens der Fotografie, deren Index stets auf den vergangenen Moment verweist; Roland Barthes bezeichnet diesen zentralen Effekt als „Es-ist-so-gewesen" (Barthes 2016, S. 89). Im Gegensatz zum Film zeigt die Fotografie keine Bewegung, sondern eine gefrorene, aus der zeitlichen Abfolge gelöste Pose, die Bewegung nur verspricht – in der Pop-Musik dann gerne auch nach vorne, auf den eigenen Körper oder das Konzert gerichtet. Die Pose, so habe ich sie im Passus zur Coolness beschrieben, nimmt die Starre vorweg, die Verwandlung in ein Objekt innerhalb der Blickregimes. Objekt wird aber auch, was stirbt; und es ist dieser kleine, vorgezogene Tod, der Barthes beschäftigt und Belting zur Polemik verleitet,

Faces seien immer schon tot und gaukelten Leben lediglich vor.

Wie die Maske die Pose präfiguriert, den regungslosen Blick, ja im Grunde die Bild-Werdung vorwegnimmt, so nimmt sie auch das Andenken, den Tod vorweg. In einer Zeit der Reanimation als Hologramm erhalten Fragen nach Körperkontrolle in der Kulturindustrie tatsächlich eine neue Relevanz, und hier trifft Belting einen Punkt: Nur, weil der physische Körper stirbt, heißt es nicht, dass die Medienbiografie zu Ende ist. Gerade in der Pop-Musik soll es weitergehen, zumindest mit posthumen Alben, mit späten Enthüllungen, der Aneignung indexikalischer Zeichen, die auf einen absenten Körper verweisen (vgl. Reynolds 2012, S. 290–291). Neu produziert werden können zumindest die indexikalischen Zeichen nicht mehr, es gibt nun ein Reservoir (ikonischer) Bilder, aus dem geschöpft werden kann, vielleicht auch einige Outtakes, alles andere ist Remix und (Re-)Animation.

Bei Bands stellt sich das Verhältnis schwieriger dar, zunächst ist ja nur eine Persona aus dem Kollektiv geschieden, der Rest ist noch da. Gerade für Slipknot mit ihrer Mythologie der Neun und darüber hinaus nach dem Rauswurf Jordisons 2013 einer weiteren, vakanten Position bedeutet der Tod einen Bruch, dem sie 2014 mit einem neuen Album zwischen Andenken und behutsamem Re-Modeling begegnen. Das Design des Enneagramms wird überarbeitet, der Titel *.5: The Gray Chapter* (2014) aktiviert erneut die serielle Struktur, symbolisiert ein neues Kapitel, das auch die Masken betonen; nicht nur durch den obligatorischen Wechsel. Schon die fortgesetzte Nutzung des Enneagramms legt nahe, dass die Zahl der Mitglieder unverändert bleibt, und tatsächlich treten Slipknot im Rahmen des Albums in voller, also neunköpfiger Besetzung auf. Grundsätzlich böten die Masken ja an, einfach den Körper (A) auszutauschen, die Maske (B) aus ihrem symbolischen Status zu reißen und damit die alte Persona mehr oder minder nahtlos fort- und aufzuführen. Slipknot lassen die alten Masken jedoch ruhen und nutzen stattdessen neue als Mittel der Initiation. Die beiden neuen Mitglieder erhalten keine Nummern, treten anonym auf; allerdings in nahezu identischen, sackartigen Masken. Individualität wird ihnen so verweigert, sie erfüllen primär eine Funktion und müssen sich als Charaktere erst beweisen.

Nicht nur entstehen so zwei neue Rätsel, die mediale Aufmerksamkeit garantieren; die neuen Mitglieder, die in Rockbands traditionell einen schweren Stand haben, werden so auch visuell auf Probe ins Ensemble eingeführt. Tatsächlich bewährt sich die Strategie: Um die beiden Mitglieder entbrennt eine Enthüllungskampagne, die mittels Tattoos und Tweets die Identitäten von Schlagzeuger Jay Weinberg und Bassist Alessandro Venturella freilegt. Beide erhalten dann im Zuge des nächsten Albums *We Are Not Your Kind* (2019) individualisierte Masken: Venturella eine bronzefarbene, mit Ornamenten reich verzierte, Weinberg eine graue, noch immer sackartige, am Rand ausfransende, mit zugetackertem Mund. Zugleich entlassen Slipknot einige Monate vor Release Chris Fehn, woraufhin sich das Prozedere wiederholt: Ein zweiter Perkussionist wird Teil der Band, mit einer Maske, die wie eine verbrannte, aller Gesichtszüge beraubten Fläche anmutet. Auch er ist anonym, seine Identität wird aber spätestens 2020 durch Mutmaßungen und Recherchen aufgedeckt und im März 2022 in einem Tweet der Band bestätigt.

Gänzlich anders ist die Strategie, mit der die Nu-Metal-Band Static-X ihren 2014 verstorbenen Frontmann Wayne Static ersetzt. Nicht nur als Namensgeber und Stimme, sondern auch durch seine markenbildende, ins Vertikale gegelte Frisur war er zentraler Protagonist und Logo der Band, ein Fortbestehen war, auch aufgrund eines vorherigen Rechtsstreits, schwer vorstellbar. 2018 verkündeten die restlichen Gründungsmitglieder jedoch, unveröffentlichtes Material mit dem Gesang Statics veröffentlichen zu wollen, 2019 gingen sie zum 20. Geburtstag ihres Albumklassikers *Wisconsin Death Trip* (1999) auf Tour, mit neuem, nicht nur stimmlich an seinen Vorgänger erinnernden Sänger. Xer0, dessen Name das markante X der Band ebenso an- wie die eigene Null-Identität vorwegnimmt, ist ein reines Trägermedium für eine Statics Gesicht nachempfundene Maske, die durch Blässe und (X-förmige) Blessuren einen zusätzlich untoten Eindruck macht. Die scheinbar auf ein fremdes Gesicht mit Nägeln geschlagene Maske betont die Nicht-Identität zwischen dem zitierten Wayne Static und Xer0, die so geschaffene Distanz bestärkt jedoch vor allem den Eindruck einer kulturindustriell-verstetigten Variante des Totenrituals. Ein Subjekt (A), dessen Individualität hier nicht zählt, setzt eine Maske (B) auf und verkörpert in diesem rituellen Kontext den Verstorbenen (X). Im Fall von Static-X geht es um eine Form der Kohärenz, die die Maske stiften soll – das Logo Wayne Static soll weitergetragen werden, notfalls auf einem anderen Körper. Gerade durch die markierte Distanz wird diese Maskierung als Versuch darüber lesbar, wie weit sich Personen in der Kulturindustrie ersetzen lassen und wie sich solche Surrogate authentisch inszenieren lassen. Kaschieren kann aber auch diese Distanz nicht, dass hier ganz konkret ein Mensch durch einen anderen ersetzt wird.

Welches Potenzial diese Maske bietet, um sich über das retromanische Theater hinaus wieder in die Oszillation zwischen Person und Rolle zu begeben, die Medienbiografie fortzuschreiben, deuten Static-X bislang nur an. Das 2020 veröffentlichte, sprechend betitelte *Project: Regeneration Vol. 1* beinhaltet jedenfalls nicht nur Statics, sondern auch Xer0s Gesang. Der Titel deutet derweil vor allem in Richtung ‚Re'; zurück zur alten Zeit, die Maske als Zeichen der Stabilität. Möglich wäre das Projekt nicht ohne den etwa durch Slipknot weiter geprägten Heavy-Metal-Code; die Zombie-Ästhetik der Maske ist nicht nur Pop-Meta-Kommentar, sondern vermittelt auch eine (zunächst nicht weiter definierte) Form des Unbehagens. Die Identifikation mit dem Tod liegt ohnehin nicht nur dieser Maske zu Grunde, sie wird auch in vielen Coolness-Inszenierungen aufgerufen. Die Totenstarre wird in diesen Fällen als ultimative Abwesenheit von Affekt inszeniert, während sich die Persona zugleich mit der ultimativen Bedrohung für Leib und Leben identifiziert.

Deutlich zeigt sich das bei Sido, der durch den Schädel ikonisch auf den Tod verweist. Der Tod liegt im Gefahrenraum ‚Block' permanent in der Luft, sich damit zu identifizieren heißt auch, ihn nicht zu fürchten, ihn womöglich sogar zu bringen. Sido baut diese Identifikation besonders im Booklet zu *Ich* aus, das Vanitas-Symbolik und die Ästhetik mittelalterlicher Buchkunst zitiert. Statt christlicher Reflexion stehen hier jedoch prägnant über populäre Codes vermittelte Coolness-Effekte im Vordergrund. Nah am Tod gebaut sind auch Slipknots Masken, nicht nur die versehrten, zusammengeflickten Gesichter; bereits mehrfach habe ich die Totenmasken erwähnt, die im Zyklus zu *Vol. 3: The Subliminal Verses* als zweites Maskenset das Repertoire der Band erweitern. Eine Ästhetik des Morbiden, Unheimlichen rufen sowohl die doppelbelichteten und dadurch geisterhaft anmutenden Fotografien im Booklet als auch der Ritus im Musikvideo zu *Vermillion* auf, dessen Pointe ist, dass die Protagonistin nur mit den Toten, Ausgestoßenen kommunizieren kann. Slipknot selbst führen die Symbolik auf dem folgenden Album fort: In Teaservideos zu *All Hope Is Gone* (2008) treten sie mit übergroßen Masken auf, die sich ebenfalls aus den Abgüssen der Totenmasken speisen. Diese „Purgatory Masks" (dt. etwa Fegefeuer Masken) sind jedoch eher eine Reprise, die bereits im ersten Musikvideo zur Single *Psychosocial* (2008) verbrannt werden.

Über eine ausgestellte Nähe zum Tod inszenieren diese Beispiele Alterität, aber auch Härte und Furchtlosigkeit. Das ist das Versprechen des Totenschädels: den Tod nicht fürchten, sich sogar präventiv mit ihm assoziieren. Die dabei entstehende Coolness, die die Regungslosigkeit der starren Maske auch motivisch einfängt und sie bis zum Tod steigert, ist tief mit Helmut Lethens Kältediskurs verbunden, der, auch mit Blick auf die hier diskutierten Beispiele, männlich codiert ist. Diese Gender-Codierung bleibt meist implizit – umso wichtiger, sie im Rahmen dieser Betrachtung zu entfalten.

Weiblichkeit statt Maskerade: Gegenderte Masken

Lethen fragt sich zu Beginn seiner *Verhaltenslehren der Kälte,* ob es „in der Natur der Sache" liegt, dass seine „Abhandlung zu einem Männerbuch geraten ist" (Lethen 1994, S. 14). Er schließt dabei an Werner Krauss an, dessen Wiederentdeckung eines Handorakels aus dem 17. Jahrhundert ein Schlüsseltext für die *Verhaltenslehren der Kälte* ist. Krauss wiederum attestiert nämlich seinem Gegenstand, „eine rein männliche Welt zu konstruieren, in der die Polarisierung der Geschlechter bis zum Verstummen der weiblichen Stimme getrieben ist" (ebd.). Nun gibt es gerade in der Zeit zwischen den Weltkriegen, der sich Lethen widmet, durchaus coole Frauenfiguren, von denen sich eine Genealogie über den Film (etwa die Femme fatale im Film Noir, vgl. Bieger/Reich 2010) bis zu den unterkühlten Diven der Pop-Musik ziehen lässt (vgl. Düllo 2000, S. 266–269). Über die Natur der Sache ließe sich also streiten.

© Der/die Autor(en), exklusiv lizenziert an Springer-Verlag GmbH, DE, ein Teil von Springer Nature 2022
S. Berlich, *Who You Think I Am?,* Essays zur Gegenwartsästhetik,
https://doi.org/10.1007/978-3-662-64795-0_8

Ein genauer Blick auf Thomas Düllos Klassifikation zeigt jedoch, wie umfangslos der Platz für Frauen in der Pop-Musik um 2000 ist: Wo Missy Elliott noch vage als „Diva des HipHop" geführt wird, verdeutlicht der Vergleich „wie Madonna die Diva des Pop und Björk die Diva des Independent-Genres ist" (ebd., S. 265), dass es Platz nur für eine ‚coole' Diva pro Genre gibt – den Rest machen Männer unter sich aus. Das ist keine Willkür Düllos, aber auch keine Kontingenz in den Produktionsverhältnissen, wie das Ideal der Hypermaskulinität im Realness-Verständnis von Hip-Hop zeigt. Missy Elliott ist dann auch eine von wenigen wirklich populären Rapperinnen, so dass Gabriele Klein und Malte Friedrich 2003 zu Recht bilanzieren: „HipHop [ist] vor allem eins: eine Männerwelt, von Männern – für Männer. […] HipHop ist nicht nur quantitativ von Männern dominiert, er reproduziert einen Männlichkeitskult und eine traditionelle Geschlechterhierarchie, in der Frauen Männern untergeordnet sind" (Friedrich/Klein 2003, S. 24).

Wo die Frau für ein warmes Zuhause steht, bewegt sich der Mann in der kalten Außenwelt, in der Frauen höchstens als Waren, Objekte vorkommen. Geschlecht ist dabei nicht permanent zentraler Wert der Performances, sondern ein Aspekt der produzierten Identität. Das lässt sich auch an etlichen der bereits betrachteten Masken ablesen, die meist das menschliche Gesicht nicht naturalistisch nachbilden und so nicht unmittelbar Geschlechterstereotype aufrufen. Dass in der Peripherie der Maske jedoch permanent Geschlecht produziert oder zumindest konnotiert wird, zeigt sich besonders deutlich bei Sido, dessen Schädelmaske zunächst ja individuelle Marker vermeidet. Der über Form und Material eröffnete Kältediskurs, der dieses verchromte, todesverachtende, kontrollierte Gesicht als Panzer in einer brutalen Umwelt ausweist, ist jedoch im Anschluss an die skizzierten Diskurse klar männlich konnotiert. Diese Konnotation wird zudem in Zusammenspiel mit dem Gesicht ebenso wie durch metonymische Aufladung verstärkt: Nicht nur lässt die Maske den Mund des Rappers frei, sondern auch den binären Stereotypen folgend ,Männlichkeit' symbolisierenden Bart, der zwischenzeitlich auch mal dicht aus der Maske wuchert und eine mögliche Uneindeutigkeit der geschlechtlichen Zuordnung relativiert.

Zudem erscheint die Maske in der Bildwelt des Debüts immer wieder als abstrahierter Phallus – eine Assoziation, die der Totenschädel formal nur bedingt einfordert. Doch nicht nur im Booklet liegt die Maske, noch eher diskret, im Schoß einer Frau; deutlicher wird die sexuelle Anspielung auf Pressefotos und vor allem in einem vorab im Rahmen der Late-Night-Show *TV Total* ausgestrahlten Werbespot zu Sidos Teilnahme am *Bundesvision Song Contest* 2005. Dort hält eine Darstellerin der Berliner Pornoproduktionsfirma Inflagranti Sidos Maske stöhnend in ihren Schoß, als scheinbar hartes, potentes Substitut des Rappers. Gerade weil im Video andere Berliner Größen als Zeichen der Identifikation mit Sido diese Maske tragen und sie formal kaum dem Phallus ähnelt, ist die Maske im Schoß zunächst ambivalent: Steht sie symbolisch für die Vulva, oder ersetzt sie, was hier stimuliert? Aufgelöst wird die Ambivalenz jedoch durch die bereits geleistete Semantisierung der Maske, ebenso wie das überdeutliche Schauspiel in der Szene selbst. Nötig ist die Uneindeutigkeit lediglich, um den Akt für das Fernsehen im übertragenen Sinn zu maskieren. So oder so: Virilität in einer übersteigerten Form ist entscheidender Aspekt dieser Maske, ein Aspekt der Identität, die hier durch „stilisierte Wiederholung von Akten" (Butler 2002, S. 302) konstruiert wird.

Über die Rolle der Maske in Coolness-Inszenierungen ergeben sich nun zwei Fragen, die die Produktion von Geschlecht durch Masken allgemein betreffen: eine qualitative (‚Wie wird Geschlecht produziert?‘) und eine quantitative (‚Wie oft wird welches Geschlecht produziert?‘). Produktion und Rezeption von Pop-Musik jonglieren freilich immer mit Körpern und Begehren. Die Maske greift in beide Bereiche ein, scheint Geschlecht dabei jedoch eher auszublenden, teils sogar als konkrete Reaktion auf Blickregimes. Nun verfolge ich keinen quantitativen Ansatz, mir geht es darum, qualitativ grundsätzliche Funktionen und Semantiken der Maske in Inszenierungen von Pop-Musik zu beschreiben. Dazu habe ich möglichst geeignete Beispiele ausgesucht, die das Feld nebenbei auch in Hinblick auf die Geschlechterverteilung repräsentieren: Im Lauf meiner Recherche bin ich auf weit mehr maskierte Männer als Frauen gestoßen, so weit sich die Geschlechteridentität binär einordnen lässt.

Auf über 600 maskierte Musiker* kommen in meiner Liste lediglich knapp 30 Musiker*innen, vor allem aus den vergangenen 20 Jahren, verteilt über diverse Stilgemeinschaften: Metal und Hardrock (Brujeria, Gwar, Lordi), japanische Idols (ClariS, Virtual Currency Girls), politischen Rock (die identitären Les Brigandes, die feministischen Pussy Riot), internationalen Chart-Pop (Sia, Jasmine Sokko, Kamferdrops) oder Rap (Antifuchs, Leikeli47, Pilz). Sich diesem Befund weiter zu nähern, wäre Stoff für ein weiteres Buch; ich möchte die Produktion von Geschlecht durch die Maske dennoch zumindest in Ansätzen beschreiben. Vorher muss ich mich aber über meine Rerchercheergebnisse zunächst nicht und dann doch ein bisschen wundern.

Die verdeckte Frau im Pop

Erstmal zur ausbleibenden Verwunderung, die Hip-Hop auch aus der unangenehmen Aufgabe entlässt, als allgemeines Beispiel für „Männlichkeitskult und eine traditionelle Geschlechterhierarchie" herzuhalten, nur weil das Phänomen durch den starken Alltagsbezug in diesem Genre besonders deutlich konturiert ist. Doch schon 1978, also kurz bevor Hip-Hop die internationale Bühne betritt, stellen Angela McRobbie und Simon Frith fest, dass Pop-Musik nicht nur Körper und Sexualität verhandelt, sondern meist um eine ‚natürliche', wilde, männliche Sexualität kreist, in Inszenierung und Subkultur (vgl. Frith/McRobbie 1990, S. 376). Die Frau ist in Bildern und als Konsumentin passiv, der Mann ist aktiv und wird auch als Konsument aktiviert – ein Verhältnis, das bis heute als grundlegender Mechanismus Blickregimes und Szenen strukturiert. Bestes Beispiel ist die bereits beschriebene, gerne konstruierte Rock-Pop-Dichotomie.

Jüngst haben die Soziologen Pauwke Berkers und Julian Schaap aber auch ganz konkret in einer quantitativen Studie für den Bereich ‚Metal' genau diesen Konnex zwischen Produktionsverhältnissen und produzierter Welt nachgewiesen: Historisch betrachtet machen Frauen 3 % der Musizierenden im Metal aus, die Tendenz ist nur leicht steigend. Zugleich sind Frauen hochgradig markiert, was sie aus kulturindustrieller Sicht für Werbezwecke attraktiv macht und bewirkt, dass sie in erster Linie als Frauen gelesen und bewertet werden – im Gegensatz zu Männern, deren Männlichkeit als solche selten direkt Thema ist (vgl. Berkers/Schaap 2018, S. 103–106).

Die Maske böte nun freilich gerade die Chance, aus diesen Blickregimes auszusteigen oder sie sogar (partiell) auszuhebeln. Tatsächlich lässt Sias *Anti-Fame-Manifesto* speziell weibliche Erfahrungen als Motivation für ihre Maskierung anklingen. Das ist aber kein Vergleich zum kritischen Potenzial, das moderne und zeitgenössische Kunst in Auseinandersetzung mit der Form Maske gewinnt. Zuletzt hat das etwa die Ausstellung *Maske. Kunst der Verwandlung* 2019 im Kunstmuseum Bonn gezeigt. Bezug nimmt Kuratorin Barbara Scheuermann vor allem auf den Begriff der Geschlechtermaskerade, der seit einigen Dekaden in der feministischen und Gender-Theorie kursiert (Scheuermann 2019, S. 26–32). Auch die Kulturwissenschaftlerin Doris Leibetseder schließt in einer der wenigen wissenschaftlichen Evaluationen der Maske in der Pop-Musik an diese Tradition an: Sie zählt den Komplex ‚Maske/Maskerade' zu den subversiven, queeren Strategien des Pop, also ganz anders, als ich ihn in diesem Buch beschrieben habe. Tatsächlich wählt Leibetseder aber einen deutlich weiteren Maskenbegriff, zählt hierzu alle visuellen Strategien innerhalb von Pop, die Geschlecht als Konstruktion ausweisen, durch Verkleidung und Übertreibung etwa des geschlechtlich-markierten Make-Ups. Eingangs habe ich die Schminkmaske als Gestaltungsmittel beschrieben, das in eine soziale Ordnung eingliedert. Mit Butler bietet freilich gerade dieses Kriterium das Potenzial, graduell Normen zu verschieben, die Konstruktion von Geschlecht vorsichtig aufzudecken, binäre Zuschreibungen zu stören, aufzulösen – und nicht, wie die starre Maske, das Subjekt sofort aus der Ordnung zu heben, diese damit radikaler zu sprengen, sich aber zugleich auch durch Uneigentlichkeit vorsorglich von ihr loszusagen, doch nur Theater zu spielen.

Leibetseder richtet den Blick jedenfalls auf eher spielerische Strategien wie die Schminkmaske, nicht die schon materiell klarere Trennung der starren Maske. Inspiriert ist sie dabei vor allem vom bereits erwähnten theoretischen Diskurs um die Weiblichkeit als Maskerade (vgl. Leibetseder 2010, S. 161–166; Weissberg 1994). Ausgangspunkt dieser Theorie ist ein ebenfalls „Weiblichkeit als Maskerade" betitelter Aufsatz der Psychoanalytikerin Joan Riviere von 1929. Darin interpretiert sie den Fall einer heterosexuellen Patientin, die beruflich schreibt und Vorträge hält. Nach ihrer Arbeit plagt die Patientin häufig eine Angst, sie sucht dann nach der Bestätigung von Männern, explizit in Bezug auf ihre Arbeit, implizit mittels Flirts aber auch „sexuelle Beachtung" (Riviere 1994, S. 36). Riviere folgert, dass die Patientin eine unschuldige, weibliche Maske aufsetzt, um ihre Aneignung der ‚männlichen' Position vor den Vertretern des Patriarchats abzuschwächen und sich wieder in ihre Rolle zu fügen. Wichtiger als die psychoanalytische Deutung dieses Verhaltens ist für mich die Einordnung dieser Maske der Weiblichkeit durch Riviere: „Der Leser mag sich nun fragen, wie ich Weiblichkeit definiere und wo ich die Grenze zwischen echter Weiblichkeit und der ‚Maskerade' ziehe. Ich behaupte gar nicht, dass es diesen Unterschied gibt; ob natürlich oder aufgesetzt, eigentlich handelt es sich um ein und dasselbe" (ebd., S. 38–39). Der Befund überrascht, weil Riviere den Fall im restlichen Text als pathologisch einstuft, also scheinbar zwischen gesunder und ungesunder und damit auch natürlicher und unnatürlicher Geschlechtlichkeit unterscheidet. Der Text steht so ganz unterschiedlichen Interpretationen offen; eine dominante Linie nimmt die beiden zitierten Sätze als Ausgang für ein genderkritisches Programm.

Leibetseder reiht sich hier ein und begreift die Maske zwar nicht materiell, aber immerhin als visuelle Strategie und so nicht rein metaphorisch. Entscheidend ist dabei ein filmtheoretischer Diskurs, den maßgeblich die Theoretikerin Laura Mulvey mit ihrem Konzept des *male gaze* angestoßen hat („männlicher Blick"; Mulvey 1994, S. 60). Mulvey beschreibt damit ein kulturindustrielles

Blickregime, das als integraler Bestandteil des „Hollywood-Stils" (ebd., S. 50) die Filmproduktion, das Publikum und das Geschehen auf der Leinwand beeinflusst: Wiederum ist es der Mann, der eine aktive Position innehat, während die Frau passiv ist, ein hübsches Bild, das teils sogar den dreidimensionalen Filmraum in die Zweidimensionalität kippen lässt.

„Für einen Augenblick versetzt die sexuelle Ausstrahlung der auftretenden Frau den Film in ein Niemandsland außerhalb seiner eigenen Zeit und seines Raums […]. Ein Teil eines fragmentierten Körpers zerstört den Renaissance-Raum, die Illusion der Tiefe, die die Erzählung fördert, sie erzeugt Flächigkeit […]" (ebd., S. 56), so beschreibt Mulvey diesen Effekt. Ähnliche Mechanismen finden McRobbie und Frith in der Pop-Musik, deutlich etwa bei ABBA, ihrer Arbeitsteilung und Inszenierung: „the men make the music (they write and arrange, play the guitars and keyboards) and the women are glamorous (they dress up and sing what they're told – their instruments are their ‚natural' voices and bodies)" (Frith/McRobbie 1990, S. 377).

Rivieres Fallstudie lässt sich nun abstrahieren, um Produktionsverhältnisse und Inszenierungsstrategien gleichermaßen zu beschreiben. Judith Butler arbeitet dies in ihrer Riviere-Lektüre heraus: Die Patientin begehrt nicht die sexuelle Rolle des Vaters, sondern seine Position als „Sprecher, Leser und Schreiber" (Butler 2019, S. 85). Genau in dieser Ermächtigung sieht die Filmtheoretikerin Mary Anne Doane eine Möglichkeit, sich zum Regime des *male gaze* zu verhalten. Sich zu maskieren bedeutet demnach, zu sich auf Distanz zu gehen und die eigene Identität gestalten zu können, eben nicht nur Bild zu sein (vgl. Doane 1994, S. 77–79). Das erinnert an Craig Owens' Konzept des Posing, das ja auch eine Verhaltensweise in hierarchischen Blickregimes beschreibt, mit der sich dem Objektstatus zumindest ein wenig entkommen lässt. Die schreibende Position des ‚Vaters' zu begehren meint also, die identitären Zuschreibungen nicht einfach anzunehmen, sondern das eigene Bild zu gestalten, dadurch eventuell als Subjekt wahrgenommen zu werden und vielleicht sogar die Produktion von Geschlecht offensichtlich werden zu lassen.

Im Grunde ist damit auch der Mechanismus beschrieben, der am Anfang dieses Buchs steht: die Maske verdoppelt die Persona, macht sie gestaltbar und lässt sie als nicht-natürlich erscheinen. Die Hoffnung des an Riviere anschließenden Diskurses ist nun, dass dieser Effekt der Maske queer-subversiv genutzt wird. Wobei mir generell fraglich scheint, wie sinnvoll es ist, dabei immer wieder das phallozentrische Vokabular der frühen Psychoanalyse zu bemühen. Abgesehen von seiner sexistischen Färbung birgt es die Gefahr, einen gesellschaftlichen, kulturellen Zustand wie die marginalisierte Position der Frau letztlich durch einen stereotypen Blick auf Geschlechtsteile zu naturalisieren und somit als unveränderbar erscheinen zu lassen (vgl. Sanyal 2021, S. 123–129). Hinzu kommt, dass in der Definitionsmacht dieses Vokabulars immer auch das Potenzial liegt, umgekehrt historische Zustände nicht adäquat fassen zu können, und die Maskerade in der Pop-Musik etwa mit Weiblichkeit zu verbinden. Viele der von mir diskutierten Beispiele haben die Maske nämlich zu ganz anderen Zwecken genutzt; um Authentizität oder Coolness optimal zu inszenieren, um spektakulär zu erscheinen oder wieder Interesse für das inflationäre Gesicht zu wecken. Dazu passt, dass schon Rivieres Text für unterschiedlichste Lektüren offensteht, wie Weissberg pointiert: „Das Konzept der Weiblichkeit als Maskerade könnte, strikt essentialistischen Theorien widersprechend, eine geschlechtliche Identität als konstruierte postulieren. Umgekehrt könnte der Begriff auch so konzipiert sein, daß er eine sexuelle Identität voraussetzt, die maskiert werden kann" (Weissberg 1994, S. 11).

Geschlechter zweiter Ordnung

Ob nun die starre Maske eher hybride Identitäten entwirft oder viel eher auf ihrer Rückseite stabile Identitäten konserviert, lässt sich analog nicht pauschal beantworten – allein aufgrund der Paradoxie der Maske, zugleich zu verbinden und zu trennen. Stattdessen möchte ich eine kleine Typologie der Eingriffe von Masken in die Geschlechterproduktion entwerfen. Einen guten Einstieg bietet der erneute Blick auf Corey Taylors Abgrenzung der frühen Slipknot-Masken von damals gängigen Bildern in der Metal-Szene: „a bunch of pretty people with spiky hair and shiny clothes". Slipknot verweigern diese Stilvorgabe und führen Metal, so das Versprechen, zurück in seinen Idealzustand. Von Geschlecht ist dabei nicht die Rede; die gegenderte Dichotomie zwischen ‚oberflächlichem Pop' und ‚authentischem Rock' (bzw. Metal) ebenso wie die Arbeitsteilung ‚Männer produzieren, Frauen glitzern' ist aber zumindest latenter Fluchtpunkt dieser Argumentation. Die Masken selbst verfahren ähnlich: Geschlecht produzieren sie nicht direkt, z. B. durch Imitation stereotyper, körperlicher Geschlechtsmerkmale. Aber sie wählen eine Ästhetik und inszenieren Zeichen, die männlich konnotiert sind. Geschlecht wird demnach ebenso wie Identität in zweiter Ordnung erzeugt.

Die starren Masken Slipknots nutzen also ihre Materialität, gepaart mit der entsprechenden Monster-Ästhetik, um Drastik und Härte zu inszenieren. Sexualität spielt dabei vor allem in Form der bereits beschriebenen Zeichen sexueller Devianz (Materialfetisch, Sadomasochismus) eine Rolle. Neben den Masken aus Leder und Latex sowie den mit Reißverschluss versehenen Mundöffnungen sticht in dieser Hinsicht vor allem Chris Fehns Maske aus dem Inventar der Band hervor. Als einzige Maske verweist sie ganz direkt auf den männlichen Körper: durch die phallische Nase. Sie zitiert nicht nur und pervertiert so in einer Slipknot-typischen, semiotischen Reibung die Kinderfigur Pinocchio, sondern wird auch ganz konkret als Phallus inszeniert. Fehns Zeit in der Band lässt sich auch als endloser Masturbationsakt an dieser Nase beschreiben, die nie ejakuliert, gar kein Ziel hat, sondern einfach immer weiter Erregung aufbaut, die sich bisweilen bei Konzerten gewaltsam entlädt, allgemein aber Provokation bleibt (ganz ähnlich, wie der Kulturwissenschaftler Niall Scott die Performance des AC/DC-Gitarristen Angus Young an seinem Instrument begreift; vgl. Scott 2016, S. 125). Etabliert wird Fehns Nase als Phallusersatz schon auf dem Cover des Debütalbums: Die Bandmitglieder stehen hier im Kreis aufgereiht um den sitzenden Corey Taylor; nur Fehn sitzt zwischen Taylors Beinen, so platziert, dass die Nase den Phallus substituiert.

Dass wir es hier mit einer wilden, männlichen Sexualität zu tun haben, steht zu keiner Zeit außer Frage; selbst dann nicht, als Fehn und Shawn Crahan im Musikvideo zur frühen Single *Spit It Out* (1999) kurz in Mädchenkleidern zu sehen sind. Die gesamte Band übernimmt hier Rollen aus Stanley Kubricks *The Shining* (1980) und spielt populäre Szenen aus dem Film nach. Die beiden Perkussionisten übernehmen dabei die Rollen der untoten Grady-Zwillinge. Um eine Auflösung von Binaritäten geht es aber offensichtlich nicht; der wahlweise unheimliche oder komische Effekt entsteht gerade durch die Reibung zwischen männlicher Metal-Identität und Mädchen(ver)kleidung. Ähnlich also, wie die Masken in Aphex Twins *Windowlicker* und *Come to Daddy* eingesetzt werden. Statt posthumanistischer Binaritätskritik geht es um fluide, endlos zirkulierende, womöglich auch noch kindlich suchende sexuelle Energie, die sich hier Bahn bricht. Ähnlich wie die phallische Verwendung von Sidos Maske, ist diese klare geschlechtliche Markierung bzw. das Spiel mit ihr zudem ein Einzelfall in Slipknots Ästhetik.

Auch das Nonett rückt mit seinen Masken Geschlecht also in die Peripherie, repräsentiert es nicht primär über Geschlechtsmerkmale, sondern sekundär, über geschlechtlich-konnotierte Werte. Dies ist auch Teil der Objektivierung, die durch die Maske geleistet wird; Geschlecht als Teil menschlicher Identität blendet sie zunächst aus und stabilisiert sie so auf ihrer Rückseite. Auf der Vorderseite findet derweil eine Abstraktion von Geschlecht statt; das zeigt auch Sias Maske. Nicht nur lässt auch sie, Sido ähnlich, den Mund frei, um auch potenzielle Marker wie den Einsatz von Lippenstift inszenieren zu können; ihre Maske ist zudem eine Perücke mit großer, mädchenhafter Schleife und weiblich-konnotiertem Haarschnitt, den die Sängerin bereits vor ihrem Rückzug aus der Öffentlichkeit als Frisur getragen hat. Im Gegensatz zur auffälligen Oberflächengestaltung Slipknots, etabliert Sias Maske eher eine Ästhetik des Verstecks, sie bietet Schutz vor Blickregimes, dabei aber im Gegenzug mit der Frisur immerhin ein in Stillektüren gerne betrachtetes Objekt an.

Zu diesem Sich-Entziehen gehört auch, dass Sia die Performance an andere Körper delegiert. Neben der Aneignung einer ,männlichen' Regie-Position (zu denken ist an ABBA) bietet dieser Vorgang auch die Chance, die Maske über Alters- (bei Sias dauerhaftem Zweitkörper, Maddie Ziegler) und Geschlechtergrenzen hinweg zu übertragen, sich bisweilen auch im Bild zu vervielfältigen. So zeigt das Musikvideo zu ihrer gemeinsam mit David Guetta aufgenommenen Single *Floating Through Space*

(2021) drei Skater*innen in Sia-Perücken; bei einer Performance ihres Songs *Elastic Heart* (2015) in der Show *Saturday Night Live* sind sie, Ziegler und eine weitere Tänzerin unter den Perücken zu sehen; und 2016 performt sie in der *Tonight Show* mit Jimmy Fallon, Natalie Portman und der Band The Roots den Song *Iko Iko* (1953), alle unter Perücken.

Vervielfältigung und die Auflösung von Identität sind Angebote an die Lektüre; drastischer noch unterbreitet solche Angebote Fever Ray in den Musikvideos zum Album *Plunge* (2017), in denen sie*er sich als Frankenstein-artiges Hybrid-Wesen inszeniert, dabei aber ähnlich wie Leibetseders Beispiele selbst nicht auf starre Masken zurückgreift. Dies ist Teil des kritischen Potenzials, das Stefanie Kiwi Menrath angesichts der bereits diskutierten Dankesrede bei der Award-Show *P3 Guld* so beschreibt: „She does not objectify her practically critical process by finally presenting a material mask or totalizing symbol – instead she performs the perpetual process of disappearance" (Menrath 2019, S. 52). Diese Nutzung der Maske verhält sich ambivalent zu den Forderungen der Kulturindustrie, subvertiert deren Erwartungen an die Präsentation von Geschlecht, liefert aber auch eine Pose und zahlt auf das Konto einer Persona ein. Kritik bedeutet so im Rahmen der Pop-Musik immer auch Distinktion, eine Form der Distanz, die auf andere Art auch in Coolness-Inszenierungen gewonnen wird.

Dass diese Inszenierungen meist männlich codiert sind, war Ausgang dieses Kapitels. Zum Abschluss möchte ich einen Blick auf die Maskierungsstrategien weiblicher Rapperinnen werfen, erneut mit Blick auf die Kontur, die Realness-Rhetoriken der Inszenierung von Geschlecht verleihen. Die Rapperin Antifuchs tritt etwa seit den frühen 2010er Jahren mit einer geschlechtlich zunächst unbestimmten, das gesamte Gesicht verdeckenden Maske auf. Während ihrer Anfänge im Rahmen von Video-Battle-Turnieren trägt sie eine noch in traditioneller Fuchs-Ikonografie gehaltene Maske, als sie ab 2015 auch Mixtapes, Singles und Alben veröffentlicht, tauscht sie diese gegen eine stärker abstrahierte, schwarze Fuchs-maske, die ihr Gesicht von der Stirn bis zur Mundpartie bedeckt.

Im Gespräch mit dem YouTube-Kanal *Germania* gibt sie 2019 einen Lektürehinweis: „Ich hab ja später auch die Maske im Battle angezogen, um [...] mir einen ganz großen weiblichen Aspekt zu nehmen. Ich kannte das noch; du machst irgendwas Visuelles, dann wird erstmal drüber diskutiert: Was trägt sie für Make-Up? Wie sieht sie über-haupt aus? Es geht um meine Musik am Ende des Tages" (Germania 2019a, TC 4:24–4:41). Das ähnelt in der Argumentation Sias *Anti-Fame-Manifesto,* reagiert auf das Postulat, demzufolge ‚Frauen' primär als ‚Frauen', als Ober-flächen angeblickt und gelesen werden. Wie Sidos Maske neutralisiert auch die Fuchsmaske zunächst Geschlecht, wobei Antifuchs ebenfalls die Inszenierung von Geschlecht in die Peripherie verlagert. Bildlich wie lyrisch zeichnet diese Inszenierung ein Oszillationsmoment aus; Antifuchs changiert zwischen männlichen und weiblichen Attributen, eignet sich Stereotype beider Geschlechter an und reagiert damit auf das Gebot der Hypermaskulinität im Rap ebenso wie auf die Herausforderung, das eigene Geschlecht ‚authentisch' zu repräsentieren.

Programmatisch führt das *Wie ein Mann [RMX x RMX]* (2016) vor, in dem sich Antifuchs nachträglich an einem Song des Rappers Pedaz beteiligt. Im Original diskutiert Pedaz, im *Prachtkerle Remix* sogar mit etlichen Kollegen, verschiedene Männlichkeitsbilder. In ihrer Version nutzt Antifuchs die Figur des Fuchses für absurde Vergleiche („Komm wir vergleichen unseren Schwanz/Der Fuchs hat buschig, dick und lang"; Antifuchs 2016, TC 00:35–

00:39), spielt mit Vorstellungen von Ganzheit („Ich bin das Yin und auch das Yang", ebd., TC 00:44–00:46) und relativiert die Codierung von Geschlecht in der Szene durch eine Unterscheidung von *sex* und *gender* („Rap braucht nicht noch mehr Frauen, ist nicht die Weiblichkeit, die fehlt/Sind alles Pussys oder Fotzen, keiner, der sein' Mann noch steht"; ebd., TC 01:58–02:05). Möglich wird diese Operation durch ihre neutralisierende, tendenziell sogar maskuline („der Fuchs") Maske und den Kontrast zur konventionellen Markierung von Geschlecht über Make-Up und Frisur.

Ebenfalls Sido ähnlich, gibt die Maske ein Versprechen auf den Körper dahinter, lädt wahlweise zu Detektiv*innenarbeit oder zur Projektion in die Dunkelkammer ein. Im Sinn der Kulturindustrie und ihrer Beziehung zum Begehren, auch als Konsumstimulus, ist der Körper so auch als imaginäres Bild denkbar, das durch die in fonografischen Aufnahmen verfügbaren Indizes gefüttert wird. Deutlich zeichnet sich diese Strategie in der frühen Inszenierung der Rapperin Kitty Kat ab, erste und einzige weibliche MC auf Aggro Berlin. Die Image-Strategie des Labels, jedem Mitglied ein klares Profil, eine distinkte Bildgestaltung zuzuweisen, ist bereits bei Sido deutlich geworden; Kitty Kats Attribut war nun, im Gegensatz zu ihren Kollegen unsichtbar zu sein. Diese Kontrolle des Körpers oder, bei späteren Liveauftritten mit Katzenmaske, zumindest des Gesichts, ging nicht von der Persona, sondern von ihrem Label aus. Neben dem so gestellten Rätsel („Kitty Kat, Kitty Kat/Wer ist diese Kitty Kat"; Kitty Kat u. a. 2008, TC 00:55–00:58), versprechen vor allem Lyrics und stimmlicher Vortrag einen sexualisierten Körper, als sie erstmals als Feature auf Sidos *Ich* auftaucht (etwa im Song *Ficken*).

Die Maske wird dabei, als Verfahren und später auch Gegenstand, also nicht subversiv, sondern gerade als Mittel der Kulturindustrie genutzt, um den weiblichen Körper auf ein imaginäres, innerhalb der Szene durch Musikvideos vorgeprägtes Bild zu reduzieren. Paratextuell rahmt Kitty Kat diese Inszenierung nachträglich auch als Tilgung ihres konkreten Körpers, um Raum für Projektionen zu schaffen. So berichtet sie im Gespräch mit *Germania:* „Aggro Berlin hat Sido 'ne Maske verpasst und bei mir haben sie sich einfach gedacht: ‚Ach, die verstecken wir erstmal ganz. Die […] singt ja auch viel über Sex [..].' Und dann wollten die glaub ich einfach, dass die Jungs da draußen so 'ne Traumvorstellung haben von so 'ner Pamela Anderson wahrscheinlich. Das war eben alles 'ne Marketingstrategie" (Germania 2019b, TC 2:26–2:45).

Auch in diesem Fall stabilisiert die Maske eher stereotype Vorstellungen von Geschlecht und nutzt die so erzeugte Freifläche, um Projektionen zu ermöglichen; ähnlich funktionieren die Identifikationsakte, die ich im Kapitel zur Maske als Logo beschrieben habe. Mithin ist es auch die Prägnanz des Logos, die den Spielraum für geschlechtliche Ambivalenz raubt, bzw. diese in die Peripherie der Maske verschiebt, zumindest potenziell. Was sich in dieser Hinsicht theoretisch und in der Gegenwartskunst andeutet, erfüllen zumindest die hier untersuchten Masken nicht. Ihnen geht es eher um Akte der Neutralisierung und daran anschließend eine sekundäre, abstrakte Repräsentation von Geschlecht. Die starre Maske kann dabei strategisch vor Blicken schützen und den Transfer von Identitäten ermöglichen, hier greift aber vor allem die distanzierende, trennende Funktion der Maske.

Schluss: Vom Gesicht zur Maske zum Avatar?

Was passiert, wenn Pop-Stars über längere Zeit eine starre Maske als öffentliches Gesicht tragen? Von dieser Frage ausgehend habe ich mich durch die verschiedenen Schichten der Maske gearbeitet, ihre verschiedenen Funktionen in der Konstitution, Formung und im Andenken der Persona diskutiert. Gezeigt hat sich, dass die Maske keine klare Rolle denotiert, sondern die konstitutive Spannung zwischen Rolle und Person in ein Bild übersetzt und so für neue gestalterische Prozesse öffnet. Diese Strategie wird tendenziell unter den Bedingungen attraktiver, die die Pop-Musik ab den 1980er Jahren bestimmen. Wenn Thomas Düllo für die Covergestaltung dieser Zeit festhält, sie spreche die Sprache „des Nicht-Authentischen, des Künstlichen, [...] des Maskenhaften" (Düllo 2011, S. 455), wenn Diedrich Diederichsen für die gleiche Zeit einen Überfluss und eine fortschreitende Standardisierung von Bildern der Persona festhält (vgl. Diederichsen 2014a, S. 398–402), wundert

S. Berlich, *Who You Think I Am?,* Essays zur Gegenwartsästhetik, https://doi.org/10.1007/978-3-662-64795-0_9

es kaum, dass sich ein Gros der in diesem Band diskutierten Beispiele um die Jahrtausendwende, also in den Nachwehen dieser Prozesse, formiert.

Den sich abzeichnenden historischen Horizont möchte ich zum Schluss noch einmal abschreiten – um am Ende dieses Textes einige Gedanken zum aktuellen Stand der Maske und ihrer noch möglichen Potenziale formulieren zu können, aber auch, um Ansätze für eine noch zu schreibende, vollständige Geschichte der Maske in der Pop-Musik zu skizzieren. So oder so braucht es zunächst einen Schritt in die Frühgeschichte der Maske in der Pop-Musik, die in den 1970er Jahren einsetzt. Hier liegen vor allem zwei pop-historische Präzedenzfälle der Maske, die ich bislang nur gestreift habe: The Residents und Kiss. Beide gründen sich in einer Zeit der Ausdifferenzierung der Rockmusik. Nicht nur wird die Unterscheidung zwischen ‚Pop' und ‚Rock' lanciert; Rock selbst strebt in verschiedene Richtungen, Folk Rock und Psychedelic Rock bleiben relevant, Letzterer kippt teils in den um Komplexität bemühten Progressive Rock, während Heavy Metal die Härte am Hard Rock und Glam Rock die Oberflächengestaltung der Pop-Musik betont. David Bowie experimentiert hier mit Formen der Verkleidung, modifiziert und serialisiert sein Gesicht, inspiriert auch von Bob Dylan. Der setzt wiederum auf der Rolling Thunder Revue Tour 1975/1976 um, was er bereits am 31. Oktober 1964 bei einem Konzert in New York, quasi im Übergang vom politischen Folkie zum surrealistischen Rocker, noch metaphorisch verkündet: „It's just Halloween. I have my Bob Dylan Mask on. I'm masquerading" (Dylan 2004, TC 00:21–00:01). In den 1970ern befinden wir uns zudem in der Zeit nach *Sgt. Pepper's Lonely Hearts Club Band* (1967), einer Wegmarke auf dem Weg der Pop-Musik in Richtung Kunstfertigkeit, aber auch postmoderner Reflexionsschleifen (vgl. Reynolds 2012, S. 258–261).

Rock löst sich in diesem Prozess entweder komplett von seinen Eigentlichkeitsversprechen oder sucht nach Wegen, diese Versprechen zu aktualisieren; beide Strategien agieren letztlich unter der konstitutiven Spielregel der Pop-Musik und verhalten sich somit immer zu beiden Polen, Authentizität und Theater. Sowohl The Residents als auch Kiss lösen sich tendenziell von der Unmittelbarkeit des Rock, wählen also die Option ‚Theater', gestalten die von den Beatles im Rahmen von *Sgt. Pepper's* entwickelte Idee einer losen Zweitidentität (eben in Form der titelgebenden Lonely Hearts Club Band) aber ganz unterschiedlich aus. The Residents entscheiden sich dafür, konsequent Identität zu verneinen; die Medienbiografie ist aberwitzig, persifliert eingespielte Rockklischees, während die Band selbst anonym bleibt, einige ikonische Kostüme ausbildet, Masken aber immer wieder tauscht und den Mitgliedern keine eigene Identität zugesteht – die Kostüme wechseln im Lauf der Zeit, schaffen synchron jedoch Einheit.

Der Kunsthistoriker Walter Grasskamp rückt die Bildstrategie der Residents in seiner Untersuchung des Covers von *Sgt. Pepper's* in den Bereich der Gesichtskontrolle, den er paradigmatisch in der Gestaltung des Nachfolgealbums *The Beatles* (1968) realisiert sieht. Seinen Beinamen ‚das weiße Album' verdient es sich durch ein Design des Pop-Art-Künstlers Richard Hamilton – statt der üblichen Starfotografie bleibt das Cover weiß, nur der Bandname ist darauf geprägt. Die Gesichter der Mitglieder finden sich dann innen, wie bei einer Maske ist die Oberfläche (fast) anonym; es ist eine gegenteilige Variante des übervollen, kostümhaften Covers, das Peter Blake für den Vorgänger entworfen hatte. Beide Designs spielen mit der Idee der Maske und der Kontrolle des Gesichts, das eigentlich gerade in der frühen Pop-Musik als Markenzeichen für den Inhalt der Platte bürgt (vgl. Grasskamp 2004, S. 67–70).

Das weiße Album streicht diese Praxis performativ durch und trägt so eine in der Pop-Art geprägte Idee in die Pop-Musik. Dort stiftet sie eine Tradition, an die u. a. The Residents mit ihrer performten Anonymität als Kommentar zu Rock anschließen und die Grasskamp bis zu Richard Cunninghams Musikvideos für Aphex Twin am Werk sieht. Dabei geht es nicht nur um Kritik, sondern um Strategien, sich mit der überfallartigen Popularisierung der eigenen Person zu arrangieren, ohne von den Fliehkräften zerrissen zu werden. Das andere einschlägige, frühe Maskenbeispiel einzuordnen, fällt Grasskamp schwerer: „Ob die maskenhaft aufgetragene Schminke, mit der die Rockgruppe Kiss in den siebziger Jahren auf die Bühne und in die Medien ging, ebenso dem Schutz ihrer Alltagsidentität diente wie die Umwandlung ihrer Nachnamen in Pseudonyme, steht dahin" (ebd., S. 76).

Kiss, deren Schminkmasken die Ästhetik des Glam Rock weiterdenken, das gesamte Gesicht bedecken und so als Schritt hin zu starren Masken betrachtet werden können (vgl. Chapman 2010, S. 138), erschaffen sich im Gegensatz zu The Residents stabile Zweitidentitäten, die bereits in der Gestaltung der Schminkmasken typisiert sind. Ähnlich wie bei David Bowie handelt es sich um Personen, die sich einen Künstlernamen zu- und auf diesen eine weitere Maske legen: Gene Simmons, eigentlich Eugene Klein und vor der Migration in die USA Chaim Witz, ist innerhalb der Band The Demon; Ace Frehley (bürgerlich: Paul Daniel Frehley) ist The Starman; Peter Criss (bürgerlich: Peter George John Criscuola) ist The Catman und so weiter. Kiss treten in martialischen Uniformen auf, ihre Masken ergeben aber, ähnlich wie bei Slipknot, keine homogene Mythologie. Der Referenzraum ist eine abstrakte Comicwelt, in der sich Weltraumwesen, Chimäre und Dämonen begegnen können.

Entscheidend ist nur, dass es sich um spektakuläre, selbst-referenzielle, leicht wiedererkennbare Figuren handelt. Kiss treten auch in Filmen auf, vervielfältigen sich auf Merchandise-Artikeln, verfolgen somit das Gegenteil der kritischen Strategie des weißen Albums – genau das ist die Paradoxie der Maske, die Grasskamp nicht auflösen kann. Die Maske kann Anonymität herstellen und sich zugleich hervorragend als markantes Logo eignen. Kiss sind aber (zumindest meistens) nicht nur Theater, ihre Songs verweisen immer wieder auf den konkreten Körper, auf Sex und Partys, auf Alltag. Kiss kann man sich auch als Musical vorstellen, The Residents auch im Museum, beide agieren jedoch im Rahmen der Pop-Musik und entwickeln genau dort ambivalente Strategien der Gesichtskontrolle.

Pop-historisch sind die 1970er Jahre eine Latenzzeit, zumindest im verknappenden Blick zurück. In Glam- und Artrock deutet sich bereits an, was in den 1980er Jahren dann die „weniger heroischen Jahre der Pop-Musik" (Diederichsen 2014a, S. 390) einläutet. Mit Diederichsen und Düllo habe ich einige Eckpunkte gerade der frühen Phase dieser im Grunde bis heute andauernden Periode bereits benannt; Pop-Musik beginnt, sich selbst immer stärker zu reflektieren, mal eher handwerklich, mal künstlerisch. Die engen Verbindungen zwischen Alltag, Kunst und Politik in den Subkulturen lösen sich auf, es geht nun eher um Stillektüren, um Fragen der Verfeinerung. Die von mir gelesenen Masken fügen sich genau in dieses Feld ein; sie zeigen eine Pop-Musik, die über sich selbst nachdenkt, ihre Strategien und Regeln daraufhin kritisiert oder verbessert, manchmal auch beides zugleich, und am Ende entscheidet sowieso immer noch die Rezeption.

Genau diese Unentschiedenheit zeichnet die Nutzung von Masken auch bei ihren vereinzelten, radikalen und zugleich tastenden ersten Auftritten in den 1970er Jahren aus. Die späteren Masken von Sia, Sido oder Slipknot sind weniger radikal Kunst oder Comic, sondern haben aus beiden Modellen gelernt, betonen sie situativ. Zentral ist dabei die strukturelle Analogie zwischen Maske und Persona, die ich im ersten Kapitel beschrieben habe. So wie sich die Maske aus einer semantisierten, ästhetischen Außenseite und einer anonymen Innenseite zusammensetzt, so speist sich auch die Persona aus öffentlichen Rollen und persönlichen, verborgenen Anteilen, die dennoch immer mitinszeniert werden. Die Maske ordnet die Anteile nicht klar ein, sie markiert keine öffentliche Rolle, sie verweist in ganz verschiedene Richtungen, reichert sich im Lauf der Zeit mit neuen Bedeutungen an und unterbreitet der Rezeption so auch ganz verschiedene Angebote. Die Fiktionen von Unmittelbarkeit, die vor allem den frühen Rock auszeichnen, sind hier nicht mehr verfügbar, was nicht bedeutet, dass Expression und Authentizität keine wichtigen Bestandteile mehr sind – ganz im Gegenteil. Die Maske ist eine Antwort auf die Herausforderungen einer Authentizität zweiter Ordnung.

Insofern verfolgt die Maske auch keine Destruktion der Pop-Persona, viel eher spielt sie mit den Mechanismen der Pop-Musik, mal mehr, mal weniger affirmativ. Wer sich, im Sinn der Gesichtskontrolle, vor den Blicken schützt, performt Anonymität, möchte den persönlichen Teil der Persona ausblenden; macht ihn dadurch aber womöglich noch wertvoller, präsentiert ihn als blanke Projektionsfläche für (z. B. sexuelle) Fantasien, ebenso aber als Ziel von Enthüllungskampagnen. Diese Dynamik habe ich vor allem bei Sido und Slipknot beobachtet: Auf eine substanzielle Anonymität zielt hier, mit Ausnahme von Craig Jones vielleicht, niemand, stattdessen geht es darum, das Gesicht in der Gesichterflut wieder aufzuwerten.

Die starre Maske eignet sich für diese Zwecke als stabiles Zeichen, das als Sichtschutz fungieren kann, aber eben auch ein hervorragendes Logo abgibt und die

Persona für spektakulär selbstreferenzielle Darstellungen im Sinn von Jochen Venus optimiert. Die Maske bewegt sich nicht, sie ermöglicht eine stabile Referenz, wie etwa bei MF Doom und seinem Verweis auf die Comicwelt; sie ist aber auch ein Zeichen, das naturalisierende Lesarten zumindest potenziell aushebelt. Identität kann selbst gewählt und gestaltet werden, was jedoch nicht verhindert, dass die Masken sekundär eine geschlechtliche Codierung konservieren. Die Stabilität der Maske führt hier bisweilen dazu, hinter ihr umso bestimmter Authentizität behaupten und Geschlecht oder allgemeiner noch Identität essenzialisieren zu können. Dabei handelt es sich jedoch nur um Tendenzen, Möglichkeiten, keinesfalls um die einzig praktizierte oder gar denkbare Funktion starrer Masken in der Produktion von Geschlecht; dies zeigt auch der Blick in die Gegenwartskunst.

In der Pop-Musik hingegen ist die Maske selten ganz offen kritisch, eher schon geht es um subversiv-affirmative Strategien wie in Inszenierungen von Coolness; eigentlich ist sie ein Schutzmechanismus für das Gesicht, der sich in Pop-Inszenierungen jedoch als Spiel verselbstständigt hat. Die Maske lässt sich hier auch als eine extreme Variante der Pose begreifen, die jedoch gerade durch diese Steigerung leicht kippen und nicht mehr cool, sondern bemüht wirken kann; hier ist die Maske als sehr bewegliches, nämlich abnehm- und aufsetzbares Gesicht gefragt. Durch Wechsel zwischen verschiedenen Masken, aber auch der Abwechslung von Gesicht und Maske ergeben sich Möglichkeiten, die seriellen Prozesse von Pop-Musik prägnant visualisieren oder gar forcieren zu können. Diese Prozesse auszuwerten, in denen Pop-Musik ihre serielle Struktur visuell moderiert, bietet auch eine Chance für die Pop-Theorie: Die Masken zu beobachten bedeutet, Pop-Musik dabei zu beobachten, wie sie über sich selbst nachdenkt, etwa darüber, wie mit den immer häufiger werdenden Todesfällen umzugehen ist.

Nicht nur an dieser veränderten Fragestellung zeigt sich, dass sich die Situation der Pop-Musik seit 1980, aber auch seit der Jahrtausendwende geändert hat. Wo die Maske in dieser Zeit Antworten auf die mediale Herausforderung leicht verfügbarer Bilder oder den verlorenen Glauben in eine unmittelbar zugängliche Authentizität darstellt, prägen Pop heute gänzlich andere Probleme, medial ebenso wie in Bezug auf Fragen der Authentizität. Postulate wie Postironie oder Neue Aufrichtigkeit, aber auch Plattformen wie Instagram, TikTok oder YouTube und die dort herrschenden Rhetoriken einer neuen Unmittelbarkeit legen nahe, dass die Maske hier ausgedient hat, eine unnötige Uneigentlichkeit ins Bild bringt. Tatsächlich verhält es sich aber andersherum: Gerade in den vergangenen Jahren betreten mehr denn je neue maskierte Personae die Bühnen der Pop-Musik, jüngst etwa der Sänger 1986zig. Auf Instagram und TikTok veröffentlicht er skimaskiert für einige Monate selbst eingesungene Snippets eigener und fremder Songs, im April 2021 nimmt ihn das Majorlabel Universal ohne einen vollwertigen, bereits veröffentlichten Song unter Vertrag. Die Künstlerbiografie auf der Webseite des Labels verspricht: „Er hat keinen Namen, kein Gesicht und keine Vergangenheit. Dafür aber eine Zukunft" (Universal 2021).

Zu schnell sollten die Versprechen der Maske, ihre Nähe zu Rätsel und Coolness, also nicht aussortiert werden. In der Rede von veränderten Vorzeichen, von ausgedienter Ironie und Verstellung ebnet manche Kulturkritik die tatsächliche Komplexität einer historischen Situation und der in ihr verfügbaren, ästhetischen Lösungen vorschnell ein. Die Maske ist im Zeichen einer Tendenz, die Diederichsen im Gespräch mit Pop-Wissenschaftler Christoph Jacke

„Meta-Pop-Musik" nennt (Diederichsen/Jacke 2011, S. 104), mittlerweile konventionalisiert worden und als Bruch mit den Erwartungen an die Starfotografie deutlich abgemildert. So funktioniert auch Del Reys *Interview*-Cover: Die Fotografie kann ohne größere Anstrengung die Maske als Symbol für die potenziell endlose Ambivalenz zwischen *real* und *fake* nutzen, die Del Rey wiederum zu einem typischen Pop-Star der 2010er Jahre macht. Sie eröffnet mit ihrer maskierten Pose zugleich ein ästhetisches Spiel, angefeuert auch durch die politische Sprengkraft des Mund-Nasenschutzes im Herbst 2020, und zeigt zumindest für kurze Zeit, welches narrative Potenzial in der Maske steckt. (Noch) sind Masken selten genug, um sich in der Gesichterflut zu profilieren, die durch die Sozialen Medien nicht geringer geworden ist. Dass in diesem Zuge eine Trivialisierung der Maske fortschreitet, ist bereits im Kapitel zur Demaskierung angeklungen. Die Zeit der spektakulären Maskenphänomene ist vorbei, was zunächst vor allem bedeutet, dass die Codes der Form bereits geprägt und so leichter zugänglich sind. Gerade 1986zig spielt die Klaviatur der Maske, von Coolness über Anonymität inklusive Rätsel und Projektionsfläche bis zum Identifikationsangebot, bislang auffallend souverän.

Deutlich zeigt sich das in den Bildern zur Debütsingle *Einer von euch* (2021): Das Cover ist voll mit skimaskierten Personen, die sich hinter dem Sänger versammeln, während das Musikvideo zunächst isoliert und betrübt wirkende Figuren porträtiert und schließlich durch das Symbol der Maske vereint. Das Versprechen ist recht klar: Ähnlich, wie 1986zig sein Gesicht vor der Öffentlichkeit versteckt und doch Hunderttausende erreicht, können Hörer*innen umgekehrt durch seine Musik gemeinsam mit Hunderttausenden allein sein. Die Einbruchssemantik der Skimaske ist dabei, wie der Trap-Einfluss im Beat des Songs, als vager Anschluss an eine populäre Rap-Ästhetik zu begreifen. Wie sich solche normalisierten Versionen der Maske entwickeln, ob sich neue Ästhetiken und Poetiken ausbilden oder die Maske einfach zu einem Accessoire unter vielen wird, muss sich zeigen.

Die Digitalisierung hat jedoch nicht nur Plattformen mit neuen Anforderungen hervorgebracht, sondern auch neue Möglichkeiten, Subjektivität in der Pop-Musik zu denken. Dringend stellt sich die Frage angesichts der immer zahlreicher werdenden Todesfälle; in diesem Kontext habe ich nicht nur die konkrete Totenmaske, sondern auch Optionen wie das Hologramm genannt. Der Tod ist aber längst nicht mehr der einzige Grund, um über eine Virtualisierung des einst für Pop so entscheidenden Körpers nachzudenken. Die Idee kursiert schon länger, meist aber als kreative Entscheidung im jeweiligen Projekt begründet. So entwarf Damon Albarn die fiktive, gezeichnete Band Gorillaz gemeinsam mit Illustrator Jamie Hewlett parallel zu seiner Band Blur, während Fans des Avatars Hatsune Miku diesen mit Hilfe einer Software performen. In beiden Fällen handelt es sich nicht um direkte Abbildungen einer Person in einer virtuellen Variante, sondern um ästhetische Projekte, die mit Elementen aus Comic und Gaming arbeiten.

Direkte Abbildungen gibt es bislang vor allem von verstorbenen Personen oder als einmalige Aktion, wie das im April 2020 gespielte Konzert des Rappers Travis Scott im Computerspiel Fortnite. Solche Virtualisierungen werden im analogen und digitalen Raum mittlerweile aber auch verstetigt. Aufsehen erregt etwa im September 2021 das Comeback von ABBA, die im Mai 2022 eine Konzertresidenz in London antreten – und zwar als Avatare in 1979er Versionen ihrer selbst. Statt ihr Alter wie viele vor allem männliche Rockstars im Sinne der fortgeschrittenen Serie zu inszenieren, begeben sich ABBA in einen Zustand der Zeitlosigkeit, durch Anzüge in Science-Fiction-Ästhetik lediglich futuristisch gefärbt. Die schillernden Oberflächen sollen erhalten bleiben, perspektivisch auch über den Tod hinaus.

Für Hans Belting, aber auch Richard Weihe (vgl. Weihe 2004, S. 358), brechen diese digitalen Varianten mit den Regeln der Maske. Diese muss stets als künstlicher Gegenstand erkennbar sein, das trennt sie von Faces, plastischer Chirurgie und digitaler Bildbearbeitung (vgl. zu diesem Konnex auch Hornuff 2021). Gerade die Ähnlichkeiten zwischen Maske und Avatar sind jedoch frappierend, das zeigt etwa die im September 2021 in den USA gestartete Castingshow *Alter Ego*. Wie bei *The Voice* oder *The Masked Singer* singen Menschen hier nicht direkt vor einer Jury. Statt hinter deren Rücken oder kostümiert, treten die Kandidat*innen als animierte, anthropomorphe Fantasiewesen auf; die ‚eigentlichen‘ Personen performen hinter der Bühne in Motion-Capture-Anzügen. Wo *The Voice* auf Anonymität und die Eigentlichkeit der Stimme setzt und *The Masked Singer* Rätsel und Spektakel kombiniert, ist *Alter Ego* zwar auch auf (technisches) Spektakel aus, mindestens ebenso aber auf Authentizität. Die Idee erinnert an den Einsatz der Masken bei Slipknot: Statt mit meinem kontingenten Gesicht aufzutreten, möchte ich mein wahres Ich zur Erscheinung bringen. Die Form ist dabei konträr, statt archaischer Masken geht es viel eher um Träume vom Upload in die Cloud, von der Befreiung des Subjekts vom Körper, also eine alte EDM-Fantasie.

Alter Ego inszeniert neue Authentizitätsversprechen, die aber vor allem an die alte Rock-Authentizität erinnern. Der Wechsel, den Nadja Geer zwischen Posing und einer neuen Figur namens Selfing erkennt, greift genau hier: Es braucht unter den neuen technologischen Vorzeichen nicht mehr den künstlichen Umweg über die Pose, die das Wissen um ihre Künstlichkeit ausstellt. Stattdessen

fungiert das Digitale selbst als eine primäre Erfahrungs-
welt, in der ich immer wieder mich selbst herstellen und
mit mir identisch sein kann (vgl. Geer 2016, S. 4–5). An
diesem Punkt öffnen sich noch viel größere Diskurse, in
denen es etwa auch um die Ablösung des menschlichen
Subjekts durch Künstliche Intelligenzen in der Pop-Musik
geht; hier kommt eine Maskenforschung vermutlich endgültig an ihre Grenzen. Dagegen spricht ein Ausruf von
Jurorin Alanis Morissette im *Alter-Ego*-Trailer: „I can't wait
to meet the human beings behind these Alter Egos" (Fox
2021, TC 01:03–01:06). Solange es so viel Lust auf eine
mögliche Wahrheit am Ende des Wartens gibt, haben die
Pop-Musik-Frage („Was ist das für ein Typ?") und damit
auch das von mir entworfene Forschungsfeld noch nicht
ausgedient.

Abbildungsnachweise

Vom Gesicht zur Maske: Einleitung

Abb. 1 Interview, Ausgabe 532, September 2020. Fotograf: Chuck Grant. https://www.interviewmagazine. com/music/who-is-lana-del-rey-jack-antonoff-september-poetry-cover. © Interview Magazine.

Die doppelte Persona: Pop-Subjekt und Maske

Abb. 2 Fotograf: Paul Harries, 1999. © Paul Harries.

Das unbewegliche Gesicht: Coolness

Abb. 3 https://www.flickr.com/photos/thearches/ 5.020.877.074/. © The Arches.

Abb. 4 Fotograf: Andreas Lander, 2004. © Andreas Lander/ZB/picture alliance.

© Der/die Herausgeber bzw. der/die Autor(en), exklusiv lizenziert an Springer-Verlag GmbH, DE, ein Teil von Springer Nature 2022
S. Berlich, *Who You Think I Am?*, Essays zur Gegenwartsästhetik, https://doi.org/10.1007/978-3-662-64795-0

Die Rückseite der Maske: Anonymität

Abb. 5   Fotograf: Scott Murry, 2016. https://www.flickr. com/photos/weeklydig/27.236.329.011/in/ album-72.157.668.633.575.731/. © 2016 by Scott Murry.

Ich und keine Maske: Demaskierungen

Abb. 6   https://www.metal-hammer.de/zeitung/ ?hvissue=metalhammer/gUyoofkNGSx59. © AS Young Media House GmbH.

Abb. 7   Voliminal: Inside the Nine. Roadrunner 2006. Disc 2. Shawn Crahan. TC 05:09. © Roadrunner Records.

Abb. 8   Fotograf: Jörg Carstensen, 2005. © Jörg Carstensen/dpaweb/dpa/picture alliance.

Das unbewegliche Gesicht II: Maske und Tod

Abb. 9   © L. Song Wu 2020.

Literatur

Internet-Quellen zuletzt am 23.11.2021 kontrolliert.

Amoxilion: „Y'all, thank you so much for the love on the MF DOOM artwork." (2021). https://twitter.com/amoxiliion/status/1346315471231066112.

Antifuchs: Wie ein Mann [RMX x RMX] (R: Michal Strychowski, 2016).

Antonoff, Jack: Who is Lana Del Rey (2020). https://www.interviewmagazine.com/music/who-is-lana-del-rey-jack-antonoff-september-poetry-cover.

Aphex Twin: …I Care Because You Do. Warp 1995a.

Aphex Twin: Donkey Rhubarb. Warp 1995b.

Aphex Twin: „Girl/Boy" EP. Warp 1996a.

Aphex Twin: Richard D. James Album. Warp 1996b.

Aphex Twin: Come To Daddy (R: Chris Cunningham, 1997).

Aphex Twin: Windowlicker (R: Chris Cunningham, 1999).

Aphex Twin: CIRKLON3 [Колхозная mix] (R: Ryan Wyer, 2016).

Arns, Inke/Sasse, Sylvia: Subversive Affirmation: On Mimesis as a Strategy of Resistance. In: IRWIN (Hg.): East Art Map.

© Der/die Herausgeber bzw. der/die Autor(en), exklusiv lizenziert an Springer-Verlag GmbH, DE, ein Teil von Springer Nature 2022
S. Berlich, *Who You Think I Am?*, Essays zur Gegenwartsästhetik, https://doi.org/10.1007/978-3-662-64795-0

Contemporary Art and Eastern Europe. Cambridge/London 2006, S. 444–455.

Ash: Tattoos (2004). http://www.slipknot-metal.com/main. php?sk=tattoos. Archiviert auf: https://web.archive.org/ web/20040814231404/http://www.slipknot-metal.com/ main.php?sk=tattoos.

Assmann, Jan: Du siehst mit dem Kopf eines Gottes. Gesicht und Maske im ägyptischen Kult. In: Schabert, Tilo (Hg.): Die Sprache der Masken. Würzburg 2002, S. 149–171.

Augustin, Yvonne: Clownsmasken im Film. Wie Maskierungen kulturelle Ängste enthüllen. Bielefeld 2018.

Auslander, Philip: Liveness. Performance in a Mediatized Culture [1999]. New York [2]2008.

Auslander, Philip: Sound und Bild: Die audio/visuelle Ökonomie musikalischer Performance. In: Helms, Dietrich/ Phleps, Thomas (Hg.): Ware Inszenierungen. Performance, Vermarktung und Authentizität in der populären Musik. Bielefeld 2013, S. 23–39 (engl. 2013).

Auslander, Philip: Musical Persona: The Physical Performance of Popular Music. In: Scott, Derek B. (Hg.): The Ashgate Research Companion to Popular Musicology. Abingdon/ New York 2016, S. 303–315.

Bachtin, Michail M.: Literatur und Karneval. Zur Romantheorie und Lachkultur. Hg. von Alexander Kaempfe. Frankfurt am Main 1990 (russ. 1963/1965).

Baier, Angelika: „Ich muss meinen Namen in den Himmel schreiben". Narration und Selbstkonstitution im deutschsprachigen Rap. Tübingen 2012.

Barasch, Moshe: Tiermasken. In: Schabert, Tilo (Hg.): Die Sprache der Masken. Würzburg 2002, S. 123–147.

Barthes, Roland: S/Z. Frankfurt am Main 1987 (franz. 1970).

Barthes, Roland: Der Tod des Autors. In: Wirth, Uwe (Hg.): Performanz. Zwischen Sprachphilosophie und Kulturwissenschaften. Frankfurt am Main 2002, S. 104–110 (engl. 1967).

Barthes, Roland: Die helle Kammer. Anmerkungen zur Fotografie. Frankfurt am Main [16]2016 (franz. 1980).

Baßler, Moritz: Bewohnbare Strukturen und Bedeutungsverlust des Narrativs. Überlegungen zur Serialität am Gegenwarts-*Tatort*. In: Hissnauer, Christian/Scherer, Stefan/Stockinger, Claudia (Hg.): Zwischen Serie und Werk. Fernseh- und Gesellschaftsgeschichte im „Tatort". Bielefeld 2014, S. 347–359.

Baßler, Moritz: Western Promises. Pop-Musik und Markennamen. Bielefeld 2019.

Belting, Hans: Faces. Eine Geschichte des Gesichts. München 2013.

Beregow, Elena: Glam. In: Hecken, Thomas/Kleiner, Marcus S. (Hg.): Handbuch Popkultur. Stuttgart 2017, S. 62–67.

Beregow, Elena: Nichts dahinter. Pop-Oberflächen nach der Postmoderne. In: Pop. Kultur und Kritik 7/2 (2018), S. 154–173.

Berkers, Pauwke/Schaap, Julian: Gender Inequality in Metal Music Production. Bingley 2018.

Berlich, Sebastian/Grevenbrock, Holger: Authentisch aus Tradition. ‚Realness'-Inszenierungen auf Royal Bunker von Savas & Sido. In: Busch, Nicolai/Süß, Heidi (Hg.): Rap. Politisch. Rechts? Ästhetische Konservatismen im Deutschrap. Weinheim 2021, S. 36–53.

Bieger, Laura/Reich, Annika: Femmes fatales. Die verkörperte Coolness und der Tod. In: Geiger, Anette/Schröder, Gerald/Söll, Änne (Hg.): Coolness. Zur Ästhetik einer kulturellen Strategie und Attitüde. Bielefeld 2010, S. 53–66.

Bravo 49/34 (2004a).

Bravo: Sidos crazy Camp-Tagebuch. In: Bravo 49/34 (2004b), S. 14.

Bruns, Katja/Meyer, Heinz-Hermann/Schlichter, Ansgar: Persona (2014). https://filmlexikon.uni-kiel.de/doku.php/p:persona-8575?s[]=persona.

B-Tight/Fler/Kitty Kat/Sido/Tony D: 5 Krasse Rapper. Auf: Aggro Anti Ansage Nr. 8. Aggro Berlin 2008, Track 1.

Bushido & Sido: So mach ich es (R: Specter, 2011).

Butler, Judith: Performative Akte und Geschlechterkonstitution. Phänomenologie und feministische Theorie. In: Wirth, Uwe (Hg.): Performanz. Zwischen Sprachphilosophie und Kulturwissenschaften. Frankfurt am Main 2002, S. 301–320 (engl. 1988).

Butler, Judith: Das Unbehagen der Geschlechter. Frankfurt am Main [19]2019 (engl. 1990).

Butler, Martin: Authentizität. In: Baßler, Moritz/Drügh, Heinz (Hg.): Handbuch Literatur & Pop. Berlin/Boston 2019, S. 267–282.

Chapman, Ian: Kiss: Alive! An Iconographical Approach. In: Grønstad, Asbjørn/Vågnes, Øyvind (Hg.): Coverscaping. Discovering Album Aesthetics. Kopenhagen 2010, S. 133–144.

Coleman, Ed: Slipknot Unmasked: All Out Of Life (2020). https://www.youtube.com/watch?v=paJlz4Lra5g.

Cookney, Daniel: Masked. Depictions of Anonymity in Electronic Dance Music (2015). http://usir.salford.ac.uk/id/eprint/36101/.

Cottonsocks, Cassie: How to get Lana Del Rey LIPS!!! (2013). https://www.youtube.com/watch?v=ySPu8CIWhsg.

Dax, Max: Aphex Twin. 1996, Hamburg. In: Ders.: Dreißig Gespräche. Frankfurt am Main 2008, S. 17–21.

Decker, Jan-Oliver: Madonna: Where's That Girl? Starimage und Erotik im medialen Raum. Kiel 2005.

Dery, Mark: Zuckerwatte-Autopsie. Die Dekonstruktion der Psycho-Killer Clowns. In: Arns, Inke (Hg.): Böse Clowns. Dortmund 2016, S. 136–154 (engl. 1999).

Die Sekte: Hältst du es aus? (R: Stephan Zimmer/Specter, 2001).

Diederichsen, Diedrich: Unheimlichkeit, Pulse, Subjektlosigkeit, Befreiung. In: Club Transmediale/Jansen, Meike (Hg.): Gendertronics. Der Körper in der elektronischen Musik. Frankfurt am Main 2005, S. 65–74.

Diederichsen, Diedrich: Sound and Image Worlds in Pop Music. In: Daniels, Dieter/Naumann, Sandra (Hg.): See this Sound: Audiovisuology 2. Köln 2011, S. 120–135.

Diederichsen, Diedrich: Über Pop-Musik. Köln 2014a.

Diederichsen, Diedrich: Camp: Gesichterlektüren, Backstage-wissen, Peinlichkeitsregime. In: Pop. Kultur und Kritik 4/1 (2014b), S. 133–151.

Diederichsen, Diedrich/Jacke, Christoph: Die Pop-Musik, das Populäre und ihre Institutionen. Sind 50 Jahre genug? Oder gibt es ein Leben nach dem Tod im Archiv? Ein Gespräch. In: Jacke, Christoph/Ruchatz, Jens/Zierold, Martin (Hg.): Pop, Populäres und Theorien. Forschungsansätze und Perspektiven zu einem prekären Verhältnis in der Medien-kulturgesellschaft. Berlin 2011, S. 79–110.

DMRegister: Slipknot remembers Paul Gray (2010). https://www.youtube.com/watch?v=X_niQxntSw4&lc=UgzISWJo aAUobXvTlHl4AaABAg.

Doane, Mary Anne: Film und Maskerade. Zur Theorie des weiblichen Zuschauers. In: Weissberg, Liliane (Hg.): Weib-lichkeit als Maskerade. Frankfurt am Main 1994, S. 66–89 (engl. 1982).

Düllo, Thomas: Coole Körpermaschinen, hysterisierte Räume. Maskierte Identitätsvokabeln in neueren Musikclips. In: Düllo, Thomas/Meteling, Arno/Suhr, André/Winter, Carsten (Hg.): Kursbuch Kulturwissenschaft. Münster 2000, S. 261–275.

Düllo, Thomas: Kultur als Transformation. Bielefeld 2011.

Dylan, Bob: [Untitled]. Auf: The Bootleg Series Vol. 6. Bob Dylan Live 1964, Concert at Philharmonic Hall. Columbia 2004, Track 7.

Ebersbach, Bruno: Sido, die Maske und der Block. Nürnberg 2006.

Eco, Umberto: Die Sprache des Gesichts. In: Ders.: Über Spiegel und andere Phänomene. München 1988a, S. 71–82 (ital. 1985).

Eco, Umberto: Die Innovation im Seriellen. In: Ders.: Über Spiegel und andere Phänomene. München 1988b, S. 155–180 (ital. 1985).

Eschbach, Achim: Pragmasemiotik und Theater. Ein Beitrag zur Theorie und Praxis einer pragmatisch orientierten Zeichen-analyse. Tübingen 1979.

Fanon, Frantz: Black Skin, White Masks. London 1986 (frz. 1952).

Faulstich, Werner/Korte, Helmut/Lowry, Stephen/Strobel, Ricarda: „Kontinuität" – zur Imagefundierung des Film- und Fernsehstars. In: Faulstich, Werner/Korte, Helmut (Hg.): Der Star. Geschichte – Rezeption – Bedeutung. München 1997, S. 11–28.

Fischer-Lichte, Erika: Ästhetik des Performativen. Frankfurt am Main 2004.

Fischer-Lichte, Erika: Semiotik des Theaters. Das System der theatralischen Zeichen. Bd. 1. Tübingen 2007.

Foucault, Michel: Überwachen und Strafen. Die Geburt des Gefängnisses. Frankfurt am Main 1976 (franz. 1975).

Fox: Alter Ego: First Look: Dreams Become Reality (2021). https://www.imdb.com/video/vi3785736985r?ref_=vp_rv_2.

FRANK151: Chapter 48 DOOM: KEO and the Villain: FRANK151 (2012). https://www.youtube.com/watch?v=glEimuLiL0k.

Freud, Sigmund: Das Unheimliche. In: Imago 5/5;6 (1919), S. 297–324.

Friedrich, Malte/Klein, Gabriele: Is this real? Die Kultur des HipHop. Frankfurt am Main 2003.

Frith, Simon: Performing Rites. Evaluating Popular Music [1996]. Oxford/New York ²2002.

Frith, Simon: Art vs. Technology: The Strange Case of Popular Music [1986]. In: Ders.: Taking Popular Music Seriously. Selected Essays. Hampshire/Burlington 2007, S. 77–92.

Frith, Simon/McRobbie, Angela: Rock and Sexuality [1978]. In: Frith, Simon/Goodwin, Andrew (Hg.): On Record. Rock, Pop, and the Written Word. London 1990, S. 371–389.

Frohne, Ursula: Maske versus Authentizität? Überlegungen zur heutigen Relevanz des Porträts. In: Ethik & Unterricht 11/1 (2011), S. 11–15.

Furler, Sia: My Anti-Fame Manifesto (2013). https://www.billboard.com/articles/business/5770456/my-anti-fame-manifesto-by-sia-furler.

Geer, Nadja: Real Life Is No Cool. Selfing ist das neue Posing (2016). https://www.academia.edu/31071004/Real_Life_Is_No_Cool.

Germania: Antifuchs über ihre Maske, Frauen im Rap und Klischeebruch (2019a). https://www.youtube.com/watch?v=wJfU8a0jxkU.

Germania: Kitty Kat über Aggro Berlin, Feminismus und Berlin Spandau (2019b). https://www.youtube.com/watch?v=-xneoVJEGvA.

Grace Jones: Private Life (R: Mike Mansfield, 1980).

Grasskamp, Walter: Das Cover von Sgt. Pepper. Eine Momentaufnahme der Popkultur. Berlin 2004.

Gropp, Rosa Maria: Alles, nur keine Kleiderständer (2014). https://www.faz.net/aktuell/feuilleton/pop/der-hype-um-die-bowie-ausstellung-alles-nur-kein-kleiderstaender-13010377.html.

Gruber, Johannes: Performative Lyrik und lyrische Performance. Profilbildung im deutschen Rap. Bielefeld 2017.

Hahn, Torsten/Röttel, Ronald: Lana Del Rey. Authentische Zitat-Oberfläche. In: Pop. Kultur und Kritik 10/2 (2021), S. 156–170.

Halnon, Karen Bettez: Heavy Metal Carnival and Disalienation: The Politics of Grotesque Realism. In: Symbolic Interaction 29/1 (2006), S. 33–48.

Hansen, Kai Arne: Holding On For Dear Life: Gender, Celebrity Status, and Vulnerability-on-Display in Sia's 'Chandelier'. In: Hawkins, Stan (Hg.): The Routledge Research Companion to Popular Music and Gender. London/New York 2017, S. 89–101. Zitiert nach: https://www.researchgate.net/publication/329709404_Holding_on_for_Dear_Life_Gender_Celebrity_Status_and_Vulnerability-on-Display_in_Sia's_'Chandelier'.

Hebdige, Dick: Subculture. Die Bedeutung von Stil. In: Diederichsen, Diedrich/Hebdige, Dick/Marx, Olaph-Dante: Schocker. Stile und Moden der Subkultur. Reinbek bei Hamburg 1983, S. 7–120 (engl. 1979).

Hecken, Thomas: Pop-Konzepte der Gegenwart. In: Pop. Kultur und Kritik 1/1 (2012), S. 88–106.

Herling, Claudia: Logo. In: Erlhoff, Michael/Marshall, Tim (Hg.): Wörterbuch Design. Begriffliche Perspektiven des Design. Basel/Berlin/Boston 2008, S. 259–260.

Herman, Bill D.: Scratching Out Authorship. Representations of the Electronic Music DJ at the Turn of the 21st Century. In: Popular Communication 4/1 (2006), S. 21–38.

Hess, Mickey: Metal Faces, Rap Masks: Identity and Resistance in Hip Hop's Persona Artist. In: Popular Music and Society 28/3 (2005), S. 297–311.

Holert, Tom: Star-Schnittstelle. Glamour und elektronische Popkultur. In: Club Transmediale/Jansen, Meike (Hg.): Gendertronics. Der Körper in der elektronischen Musik. Frankfurt am Main 2005, S. 20–43.

Hornuff, Daniel: Krass! Beauty-OPs und Soziale Medien. Berlin 2021.

Interview 52/3 (2020).

Jahn-Sudmann, Andreas/Kelleter, Frank: Dynamik serieller Überbietung. Amerikanische Fernsehserien und das Konzept des Quality TV. In: Kelleter, Frank (Hg.): Populäre Serialität: Narration – Evolution – Distinktion. Zum seriellen Erzählen seit dem 19. Jahrhundert. Bielefeld 2012, S. 205–224.

Jakobson, Roman: Linguistik und Poetik. In: Poetik. Ausgewählte Aufsätze 1921–1971. Hg. von Elmar Hollenstein und Tarcisius Schelbert. Frankfurt am Main 1979, S. 83–121 (engl. 1960).

Jameson, Frederic: Postmodernism, or, the Cultural Logic of Late Capitalism. Durham 1991.

Jost, Christofer: Musik, Medien und Verkörperung. Transdisziplinäre Analyse populärer Musik. Baden-Baden 2012.

Jung, Fernand/Seeßlen, Georg: Horror. Geschichte und Mythologie des Horrorfilms [2004]. Marburg ²2006.

Karnik, Olaf: Cunningham & Co. Körperinszenierungen in Elektronikclips. In: Club Transmediale/Jansen, Meike (Hg.): Gendertronics. Der Körper in der elektronischen Musik. Frankfurt am Main 2005, S. 76–98.

Keazor, Henry/Wübbena, Thorsten: Video Thrills the Radio Star. Musikvideos: Geschichte, Themen, Analysen. Bielefeld 2007.

Kelleter, Frank: Populäre Serialität. Eine Einführung. In: Ders. (Hg.): Populäre Serialität: Narration – Evolution – Distinktion. Zum seriellen Erzählen seit dem 19. Jahrhundert. Bielefeld 2012, S. 11–46.

Kelleter, Frank: David Bowie. 100 Seiten. Stuttgart 2016.

Killakam: A Hidden Place: Behind SBTRKT's Masks (2012). https://web.archive.org/web/20150911100806/http://www. okayafrica.com/news/a-hidden-place-behind-sbtrkts-masks/.

Knaller, Susanne: Genealogie des ästhetischen Authentizitätsbegriffs. In: Knaller, Susanne/Müller, Harro (Hg.): Authentizität. Diskussion eines ästhetischen Begriffs. München 2006, S. 17–35.

Krautkrämer, Florian/Petri, Jörg: Horrormetaltypo – Heavy Metal als Gestaltungsmittel. Zum Verhältnis von Typografie, Metal und Horrorfilm. In: Nohr, Rolf F./Schwaab, Herbert (Hg.): Metal Matters. Heavy Metal als Kultur und Welt. Münster 2011, S. 87–108.

Lana Del Rey: Chemtrails over the Country Club (R: BRTHR, 2021).

Lana Del Rey Updates: Lana Del Rey Announce Book Signing of Violet Bent Backward At Barnes & Noble (2020). https:// www.youtube.com/watch?v=9quYdNtAzwg.

Lazer 103.3: LAZER 103.3 – SLIPKNOT Paul Gray Press Conference (2010). https://www.youtube.com/ watch?v=rrcfdgJhcgk&t=1s.

Leibetseder, Doris: Queere Tracks. Subversive Strategien in der Rock- und Popmusik. Bielefeld 2010.

Lethen, Helmut: Verhaltenslehren der Kälte. Lebensversuche zwischen den Kriegen. Frankfurt am Main 1994.

Lethen, Helmut: Versionen des Authentischen: sechs Gemeinplätze. In: Böhme, Hartmut/Scherpe, Klaus (Hg.): Literatur und Kulturwissenschaften. Positionen, Theorien, Modelle. Reinbek bei Hamburg 1996, S. 205–231.

Lévi-Strauss, Claude: Der Weg der Masken. Frankfurt am Main 1977 (franz. 1975).

Löhndorf, Marion: Meister der Masken (2013). https://www. nzz.ch/feuilleton/musik/meister-der-masken-1.18051820.

MacCannell, Dean: Sights and Spectacles. In: Bouissac, Paul/ Herzfeld, Michael/Posner, Roland (Hg.): Iconicity. Essays on the Nature of Culture. Tübingen 1986, S. 421–435.

Macho, Thomas: GesichtsVerluste. Faciale Bilderfluten und postindustrieller Animismus. In: Ästhetik & Kommunikation 28/3 (1996), S. 25–31.

Macho, Thomas: Das prominente Gesicht. Vom face to face zum Interface. In: Faßler, Manfred (Hg.): Alle möglichen Welten. Virtuelle Realität – Wahrnehmung – Ethik der Kommunikation. München 1999, S. 121–135.

Marquart, Oliver: Sido. Der Junge aus dem Block. In: Backspin 11/4 (2004), S. 76–79.

Marrasen: Fever Ray tar emot pris för Årets Dans på P3 Guld (2010). https://www.youtube.com/watch?v=ymCP6zC_qJU.

Marshall, P. David: Celebrity Legacy Of The Beatles. In: Ders. (Hg.): The Celebrity Culture Reader. London 2006, S. 501–509.

Massa, Beth: [Produktbeschreibung] Hours... (1999). https:// www.amazon.de/Hours-David-Bowie/dp/B000026MKB.

McCarty, Cara/Nunley, John (Hg.): Masks. Faces Of Culture. New York 1999.

McLeod, Kembrew: Authenticity within Hip-Hop and Other Cultures Threatened with Assimilation. In: Journal of Communication 49/4 (1999), S. 134–150.

Menrath, Stefanie Kiwi: Anonymity Performance in Electronic Pop Music. A Performance Ethno-graphy of Critical Practices. Bielefeld 2018.

Mentges, Gabriele: Coolness. Zur Karriere eines Begriffs. In: Geiger, Anette/Schröder, Gerald/Söll, Änne (Hg.): Coolness. Zur Ästhetik einer kulturellen Strategie und Attitüde. Bielefeld 2010, S. 17–35.

Metal Hammer 19/09 (2002).

Meteling, Arno: Monster. Zu Körperlichkeit und Medialität im modernen Horrorfilm. Bielefeld 2006.

MF Doom: Operation: Doomsday. Fondle 'Em Records 1999.

MF Doom: ? (R: Adam Bhala Lough, 2000).

Montoya, Inigo: Thread for info and unmasked photos of the "Masked Rock Bands" (2003). https://forum.rebelscum.com/threads/thread-for-info-and-unmasked-photos-of-the-masked-rock-bands.830452/.

Moore, Allan F.: Songs Means. Analysing and Interpreting Recorded Popular Song. Burlington/Panham 2012.

Mulvey, Laura: Visuelle Lust und narratives Kino. In: Weissberg, Liliane (Hg.): Weiblichkeit als Maskerade. Frankfurt am Main 1994, S. 48–65 (engl. 1975).

Neumayer, Ingo: [Rezension] Slipknot. Slipknot. In: Visions 11/7 (1999). Zitiert nach: Visions 31/7 (2019), S. 78.

Ngai, Sianne: Our Aesthetic Categories. Zany, Cute, Interesting. Camebridge MA/London 2015.

Ogibenin, Boris L.: Mask in the Light of Semiotics. A Functional Approach. In: Semiotica 7/1 (1975), S. 1–9.

Owens, Craig: Posing. In: Ders.: Beyond Recognition. Representation, Power, and Culture. Berkeley/Los Angeles/London 1994, S. 201–217.

Pabst, Eckhard: Das Monster als genrekonstituierende Größe im Horrorfilm. Ein Essay [1995] (2010). http://publikationen.ub.uni-frankfurt.de/frontdoor/index/index/year/2010/docId/19867.

Peirce, Charles S.: Spekulative Grammatik. In: Ders.: Phänomen und Logik der Zeichen. Hg. von Helmut Pape. Frankfurt am Main 1983, S. 64–98 (engl. 1903).

Petras, Ole: Wie Popmusik bedeutet. Eine synchrone Beschreibung popmusikalischer Zeichenverwendung. Bielefeld 2011.

Pollock, Donald: Masks and the Semiotics of Identity. In: The Journal of the Royal Anthropological Institute 1/3 (1995), S. 581–597.

Poschardt, Ulf: DJ-Culture. Diskjockeys und Popkultur. Hamburg 1997.

Poschardt, Ulf: Cool. Hamburg 2002.

Poschardt, Ulf: Das öffentliche Gesicht – und wie es verschwindet. In: Grasskamp, Walter/Krützen, Michaela/Schmitt, Stefan (Hg.): Was ist Pop? Zehn Versuche. Frankfurt am Main 2004, S. 241–255.

Ramírez, J. Jesse: Keeping It Unreal: Rap, Racecraft, and MF Doom. In: Humanities 10/1 (2021), S. 1–12.

Reynolds, Simon: Retromania. Mainz 2012 (engl. 2011).

Richard, Birgit: Bild-Klone und Doppelgänger. Vervielfältigungsphantasmen in der Popkultur. In: Kunstforum International 29/4 (2001), S. 54–111.

Riviere, Joan: Weiblichkeit als Maskerade. In: Weissberg, Liliane (Hg.): Weiblichkeit als Maskerade. Frankfurt am Main 1994, S. 34–47 (engl. 1929).

Röttgers, Kurt: Demaskierungen. In: Röttgers, Kurt/Schmitz-Emans, Monika (Hg.): Masken. Essen 2009, S. 64–96.

Sanders, Sam: A Reluctant Star, Sia Deals With Fame On Her Own Terms (2014). https://www.npr.org/2014/07/08/329500971/a-reluctant-star-sia-deals-with-fame-on-her-own-terms.

Savas & Sido: Royal Bunker (R: Chehad Abdallah, 2017).

Sanyal, Mithu M.: Vulva. Die Enthüllung des unsichtbaren Geschlechts. Berlin [6]2021.

Scheuermann, Barbara J.: Maske. Kunst der Verwandlung. Entwicklung einer Ausstellung. In: Dies. (Hg.): Maske. Kunst der Verwandlung. Köln 2019, S. 14–39.

Schklowski, Viktor: Kunst als Verfahren. In: Mierau, Fritz (Hg.): Die Erweckung des Wortes. Essays der russischen Formalen Schule. Leipzig 1987, S. 11–32 (russ. 1916).

Schuh, Michael: Heftigstes Splattergeknüppel plus Brüllorgien aus Iowa... (1999). https://www.laut.de/Slipknot/Alben/Slipknot-959.

Schulze, Holger: Personae des Pop: Ein mediales Dispositiv popkultureller Analyse (2013). https://pop-zeitschrift.de/2013/02/14/personae-des-popein-mediales-dispositiv-popkultureller-analysevon-holger-schulze14-2-2013/.

Scott, Niall: The monstrous male and myths of masculinity in heavy metal. In: Heesch, Florian/Scott, Niall (Hg.): Heavy Metal, Gender and Sexuality. Interdisciplinary approaches. London/New York 2016, S. 121–130.

Seiler, Sascha: Ästhetische Codierungen als Marketing-Instrument und ihre Brüche: Die Band Kiss und das Ende der 70er Jahre. In: Nohr, Rolf F./Schwaab, Herbert (Hg.): Metal Matters. Heavy Metal als Kultur und Welt. Münster 2011, S. 125–136.

Seiler, Sascha: David Bowie – Meister des Verschwindens. Ein Nachruf (2016). https://literaturkritik.de/id/21526.

Shuker, Roy: Understanding Popular Music Culture. Abingdon/New York 2016.

Sido: Mein Block (Beathoavenz Video Remix) (R: Daniel Hader/Specter, 2004).

Sido: Maske X. Aggro Berlin 2005a.

Sido: Interview. Auf: Maske X. Aggro Berlin 2005b, Track 1.

Sido: Maske. Auf: Maske X. Aggro Berlin 2005c, Track 5.

Sido: Mama ist stolz. Auf: Maske X. Aggro Berlin 2005d, Track 6.

Sido: Mama ist stolz (R: Daniel Hader/Specter, 2005e).

Sido feat. Brainless Wankers: Mama ist stolz (2005f). https://www.myspass.de/shows/tvshows/bundesvision-song-contest/Berlin-Sido-feat-Brainless-Wankers--/18105/.

Sido: Ich. Aggro Berlin 2006.

Sido: Ein Teil von mir (R: Daniel Hader/Specter, 2007).

Sido: Ich und meine Maske. Aggro Berlin 2008.

Sido: Aggro Berlin. Universal 2009a.

Sido: Intro. Auf: Aggro Berlin. Universal 2009b, Track 1.

Sido: Das Goldene Album. Universal 2016.

Sido: Ich und keine Maske. Universal 2019.

Slipknot: Slipknot, Roadrunner Records 1999.

Slipknot: Iowa, Roadrunner Records 2001.

Slipknot: Disasterpieces, Roadrunner Records 2002.

Slipknot: Welcome To Our Neighborhood, Roadrunner Records [1999] 2003.

Slipknot: Vol. 3: (The Subliminal Verses), Roadrunner Records 2004a.

Slipknot: Vermillion (R: Shawn Crahan/Tony Petrossian, 2004b).

Slipknot: Before I Forget (R: Shawn Crahan/Tony Petrossian, 2005).

Slipknot: Voliminal: Inside the Nine. Roadrunner Records 2006a.

Slipknot: Craig Jones. Auf: Voliminal: Inside the Nine. Roadrunner Records 2006b.

Slipknot: All Hope Is Gone. Roadrunner Records 2008a.

Slipknot: Psychosocial (R: Paul Brown, 2008b).

Slipknot: of the (sic): Your Nightmares, Our Dreams. Roadrunner Records 2009.

Slipknot: .5: The Gray Chapter. Roadrunner Records 2014.

Slipknot: We Are Not Your Kind. Roadrunner Records 2019.

Sommer, Andreas Urs: Coolness. Zur Geschichte der Distanz. In: Zeitschrift für Ideengeschichte 1/1 (2007), S. 30–44.

Turner, Victor: Das Ritual. Struktur und Anti-Struktur. Frankfurt am Main 2005 (engl. 1969).

Universal: 1986zig. Biografie. (2021). https://www.universal-music.de/1986zig/biografie.

User [deleted]: Why they put a finger in Lana's mouth in some clips? (2018). https://www.reddit.com/r/lanadelrey/comments/8kqd4h/why_they_put_a_finger_in_lanas_mouth_in_some_clips/.

Venus, Jochen: Die Erfahrung des Populären. Perspektiven einer kritischen Phänomenologie. In: Kleiner, Marcus S./Wilke, Thomas (Hg.): Performativität und Medialität Populärer Kulturen. Theorien, Ästhetiken, Praktiken. Wiesbaden 2013, S. 49–73.

Von Appen, Ralf: Schein oder Nicht-Schein? Zur Inszenierung von Authentizität auf der Bühne. In: Helms, Dietrich/Phleps, Thomas (Hg.): Ware Inszenierungen. Performance, Vermarktung und Authentizität in der populären Musik. Bielefeld 2013, S. 41–70.

Weckmann, Matthias: [Rezension] Slipknot. Slipknot. In: Metal Hammer (1999a). Zitiert nach: Metal Hammer 26/10 (2009), S. 41.

Weckmann, Matthias: Slipknot. Alle Neune. In: Metal Hammer 16/9 (1999b), S. 40–41.

Weckmann, Mathias: Slipknot. Die Bombe im Kopf. In: Metal Hammer 18/8 (2001), S. 24–27.

Weihe, Richard: Die Paradoxie der Maske. Geschichte einer Form. München 2004.

Weinstein, Deena: Heavy Metal. The Music and Its Culture. Cambridge 2000.

Weiß, Chris: Der Mann, der zum Himmel stürzte (2016). https://www.musikexpress.de/david-bowie-nachruf-458515/.

Weissberg, Liliane: Gedanken zur „Weiblichkeit". Eine Einführung. In: Dies. (Hg.): Weiblichkeit als Maskerade. Frankfurt am Main 1994, S. 7–33.

Williott, Carl: Lana Del Rey Loves to Put Things in Her Mouth (2014). https://antennamag.com/lana-del-rey-lips-mouth/.

Wolbring, Fabian: Die Poetik des deutschsprachigen Rap. Göttingen 2015.

Wu-Tang Clan: Da Mystery Of Chessboxin' (R: Gerald Barclay, 1994).

Young, Rob: Warp. Labels Unlimited. London 2005.

Zill, Rüdiger: Coole Typen. Eine Familienaufstellung. In: Geiger, Anette/Schröder, Gerald/Söll, Änne (Hg.): Coolness. Zur Ästhetik einer kulturellen Strategie und Attitüde. Bielefeld 2010, S. 39–52.

Zipfel, Hannah: Mayday! Gedanken zum Berliner Clubsterben. 10/1 (2021), S. 10–19.

Zuch, Rainer: ‚The Art Of Dying' – Zu einigen Strukturelementen in der Metal-Ästhetik, vornehmlich in der Covergestaltung. In: Nohr, Rolf F./Schwaab, Herbert (Hg.): Metal Matters. Heavy Metal als Kultur und Welt. Münster 2011, S. 71–85.

Žižek, Slavoj: Why are Laibach and NSK not Fascist? [1993] In: Hoptman, Laura/Pospiszyl, Tomáš (Hg.): Primary Documents. A Sourcebook for Eastern and Central European Art since the 1950s. Cambridge MA/London 2002, S. 285–288.

zxcdy: Sido – Wahlwerbespot Berlin (Bundesvision Song Contest 2005) (2005). https://www.youtube.com/watch?v= 55xPMFfRdXE&t=91s.

Printed in the United States
by Baker & Taylor Publisher Services